教育经济学观察

李锋亮 著

九州出版社
JIUZHOUPRESS

图书在版编目（CIP）数据

教育经济学观察 / 李锋亮著 . -- 北京：九州出版
社，2022.4

ISBN 978-7-5225-0882-5

Ⅰ.①教… Ⅱ.①李… Ⅲ.①教育经济学—文集
Ⅳ.①G40-054

中国版本图书馆 CIP 数据核字（2022）第 053267 号

教育经济学观察

作　　者　李锋亮　著
责任编辑　姬登杰
出版发行　九州出版社
地　　址　北京市西城区阜外大街甲 35 号（100037）
发行电话　（010）68992190/3/5/6
网　　址　www.jiuzhoupress.com
印　　刷　唐山才智印刷有限公司
开　　本　710 毫米×1000 毫米　16 开
印　　张　16.5
字　　数　261 千字
版　　次　2022 年 4 月第 1 版
印　　次　2022 年 4 月第 1 次印刷
书　　号　ISBN 978-7-5225-0882-5
定　　价　95.00 元

日积月累的观察与思考

（代序）

从 2001 年准备博士入学考试开始，我就深深爱上了教育经济学。随着自己对教育经济学的知识、理论与分析框架了解愈多，自己就自觉不自觉地开始用教育经济学的视角来观察思考周围的新闻、现象、观点与政策。2007 年自己当老师后，一面通过"黑板"给学生讲授教育经济学的理论知识，一面鼓励学生用教育经济学的理论知识去分析解剖"和教育有关的一切现象"。既然鼓励学生要活学活用，自己也应该身体力行。于是自己就将各种跟教育经济学相关的观察与思考记录下来，并且向《中国教育报》《中国科学报》《科技日报》《新京报》等报社进行投稿。随着发表的文章越来越多，相关媒体也开始对我进行采访，而我继续用自己最熟悉的教育经济学的理论与分析框架阐述自己的观点。由于自己口头表达能力远逊于笔头书写能力，因此接受采访也是习惯于用文字进行问答。于是从 2007 年到现在，日积月累，自己在报刊媒体发表的以及少量由于种种原因未发表的关于教育经济学的观察与思考（包括自己有感而发的时评和对记者采访的文字回答）就超过了 20 万字，于是就有了将这些观察与思考结集出版的想法，故通过精选形成了这本 17 万字左右的集子。虽然这本集子是日积月累完成的，但正如著名教育经济学家马克·布劳格（Mark Blaug）所言，教育经济学是一门有着自己研究理论、领域以及分析框架的成熟学科；所以，我的这些教育经济学的观察与思考，非常容易就可以按照以下主题进行归类。

其一，教育和劳动力市场之间的关系。世界著名教育经济学家马丁·卡诺依（Martin Carnoy）认为教育经济学的核心存在于教育与劳动力市场之间的关系中，因此教育与劳动力市场之间的关系也是我平时重点思考的主题，包括就业难、就业准备、就业服务、迁移就业、过度教育以及教育收益与风险等问题。

其二，世界一流大学建设的成本与效率。教育系统的内部效率是教育经济学这一学科独有的研究领域，而我自己大部分的学术时间都是在关注高等教育，所以经常会围绕世界一流大学建设的成本与效率进行思考。后来"世界一流大学建设的成本与效率"成为我自然科学基金的题目。我还重点讨论了高校评估、院系评估、科研评估等问题。

其三，教育财政。教育财政和教育经济学密不可分，尤其和教育系统中的内部效率研究密不可分，但是教育财政又有自己的特点，因为教育财政除了关注效率外，还需要关注公平以及相关利益方的博弈均衡。虽然我写的教育财政的文章相对较少，但是也有必要将其单独归类。

其四，远程教育的经济学和研究生教育的经济学。这是目前我的两个主要研究兴趣，因此在这两个分专题上，这几年我泼墨不少，而且很多在教育和劳动力市场之间的关系、世界一流大学建设的成本与效率以及教育财政这三个主题下的文字都可以归结到远程教育的经济学和研究生教育的经济学上。

第五，教育公平。我初中的时候，父母都下岗了。我当时得到了周围很多亲朋好友以及师长的帮助，幸运地从小城市考到北京来读大学，并且最终留在北京。这段经历对我极其宝贵，所以对教育公平异常关心。我一方面在教育经济学与教育财政的课堂上和同学们就教育公平问题进行深入讨论，另一方面对于身边的政策与现象也自觉不自觉地从教育公平的视角进行分析。可以说，这部分的文章带有我强烈的个人主观色彩，也是自己最希望通过此书和读者进行讨论的。

教育经济学将是我准备一生加以学习和研究的学科，对上述主题的观察与思考也定将陪伴我终身。所以这本书也是勉励自己笔耕不辍，并且给自己的孩子和学生做一个榜样——日积月累，持之以恒。

2021 年冬于清华双清苑

目 录
CONTENTS

第一篇 01

| 教育与劳动力市场之间的关系 |

用教育经济学的思维来规划你的学习与生活

上学期末，我刚刚作为一名新教师加入清华大学，当我对于自己从学生到教师的角色转换还没有完全回过神来的时候，新的一学期又开始了。漫步在学校的林荫大道上，迎新标语随处可见；在办公室埋头工作的时候，只听见新生军训的口号响彻校园。而我们教育研究所的迎新工作也正在紧锣密鼓地筹备着，所里每位教师都要负责给新生讲一堂专业导论性质的课，我负责的是"教育经济学概述"。此时，我才猛然意识到自己新的身份，已经是一名光荣的高校教师了。在备课的时候，我的思绪像时光机一般穿梭到了十几年前。我当时也是从一个懵懵懂懂的高中毕业生踏入完全陌生的大学校园，慢慢熟悉校园、同学，然后瞬间就忙碌了起来。我还记得大一刚开学的时候，我的高数老师，一位精神矍铄的老太太，主动给我们讲了一堂和高数无关的课，名字叫作"如何过好你的大学生活"。可以说肩负着这堂课的鼓励与期望，我一路走过了简单而充实的大学四年，并且一直读了下来，在成长的同时不断收获，最终成了一位即将站在讲台上给新生传道、授业、解惑的教师。

于是，我思索着何不利用第一堂课，结合我的研究方向，给新生一些指引呢？就这样随着思绪，"用教育经济学的思维来规划你的学习与生活"这个题目就出现在我的脑海中。如果我真的能用教育经济学的一些基本分析框架与理论来帮助新生规划自己的学习与生活，从而让新生对于教育经济学可以很快地入门，这就可谓是一举两得了。那么，我就试着用教育经济学的一些基本理论来为所有大学新生（包括专科生、本科生和硕士生）规划一下他们未来几年的大学生活吧。

教育经济学有两个基本理论，分别是人力资本理论和信号理论。两者都是曾获得诺贝尔经济学奖的经典经济学理论，而且这两者是相互竞争的关系，可以说教育经济学是随着这两者的出现、论战而诞生、发展的。人力资本理论认为教育能够提高人的能力，增长人的见识，所以接受教育是一种人力资本投资。信号理论认为教育是一种很好地反映人能力的信号，能力越高的人会主动接受更高层次的教育，以便和那些能力较低、不能接受高等教育的人区分出来，从而能够在未来的就业市场得到更多雇主的青睐。

尽管人力资本理论和信号理论关于教育的作用是存在争论的，但不管依据哪个理论，都表明新生进入大学后，必须有意识地刻苦学习、过一种充实而丰富的大学生活。按照人力资本理论所言，大家进入大学学习，主要目的是增长知识、提高个人能力；大家要想将书本知识转化为自己的知识，不刻苦努力是不行的。而且人力资本分为通用人力资本和专门人力资本。什么是通用人力资本呢？那就是基本上在所有场合都用得上的知识与能力，比如在信息时代基本的计算机知识与能力。什么是专门人力资本呢？那就是在某行业或者某职业非常有用，而到了另外一个行业或者职业可能没有用武之地的知识与能力，比如对计算机数据结构原理的掌握对于 IT 行业是不可或缺的知识与能力，但对于人文、社科行业就不是必须掌握的。既然人力资本有通用人力资本和专门人力资本之分，那么新生对于自己未来的职业目标也就应该有一个预期与规划，然后根据这一目标，选择自己要获得什么样的通用人力资本和专门人力资本。因为每个人的时间与精力有限，你花时间去获得这项人力资本，就意味着你可能没有更多时间去获得另外一项人力资本。比如，你是学"教育经济与管理"的学生，你将来是想做学术研究还是做教育实业？如果是准备做学术研究，那么就得有针对性地去学习做学术研究的一些普通人力资本，比如必须精通教育研究方法；如果你准备做教育实业，那么你也得有针对性地掌握做教育实业必备的普通人力资本，比如预算管理。再比如，你将来是想偏向教育经济还是想偏向教育管理，这就决定你应该在经济学还是管理学上花费更多的时间与精力。当然，如果你对于未来预期还不明确，这并不一定是坏事。因为这就意味着，你得更加刻苦，尽可能多地获得人力资本，一方面以备将来一旦确定职业发展方向后可以胸有成竹，另一方面也可以帮助你不断清晰自己的目标。可见，无论你处于何种状态，出于何种选择，你都必须刻苦学习，为未来的职业发展奠定坚实的人力资本基础。

按照信号理论所言，你来接受高等教育的很大一个目的是为了向外界充分证明你是有能力的，也就是说你得通过几年的大学生活获得很多不同的信号（比如证书、经历）向别人证明你能力很强。但你要获得有分量的信号，同样得付出汗水和努力；因为根据信号理论，很容易获取的东西一般不是很好的信号。你可能是名牌大学的热门专业的学生，大学和专业这是两个非常强的信号，表明你今后受到雇主青睐的可能性非常大。然而，有了这两个信号，你仍然不能高枕无忧。毕竟，这只表明你的起点高一些，其他同学还有几年的大学生活可以追赶你；而且，目前名牌大学的热门专业的毕业生找不到工作的也大有人在。所以，不管是什么大学什么专业的学生，你都应该知道，技多不压身，信号也是多多益善，比如成绩排名、社会工作经验、英语与计算机的证书，等等，毕竟你去获得这些信号是为了将来在就业市场中、在众多竞争者中脱颖而出。

另外，你同样得明确自己未来的发展方向，因为取得信号同样是需要时间和精力的。你要保证学习优异，可能就没有更多时间进行社会工作。当然如果你一方面学习成绩优异，另一方面还能在社会工作方面有所成就，这就是向外界发送信号，告诉别人你是一个能力很强的人。但这毕竟不是每个人都能做到的，所以你在获取信号的时候也得有针对性。西方对于大学生也有一个忠告，叫作"build your resume"，意思是你得主动去建构你简历中的条目也即信号，以打动将来的雇主。信号有很多种，常见的有学历、文凭、证书，但可能你的兴趣，甚至志愿活动、社团经历也会成为有效的信号。比如，你如果将来想去一些慈善机构工作，那么有大量的志愿活动、社团经历，无疑会为你的求职加分不少。总之，你首先得明确自己需要哪些信号，然后趁着几年的大学生活去努力获取这些能够发送你相关能力的信号。

可见，无论是根据人力资本理论还是信号理论，你无论是增加自己的各种人力资本还是获取各种表示你能力的信号，你都得刻苦。你最好对自己的未来有一个展望与规划，因为这意味着你的大学生活将会过得充实、丰富而不会感到虚度光阴。

更为重要的是，无论是根据人力资本理论还是信号理论，接受高等教育都是一种投资，除了支付一定数额的学费、杂费外，你还得付出相应的机会成本。所谓机会成本，就是当你做某件事的时候，你的成本是不能做另外的事。你得牢记，当你还在大学读书的时候，那些和你同龄的人可能已经开始在职场上打拼了，可能在慢慢建立自己的事业了，这点对于研究生尤其重要。你得时刻记得别人已经在挣钱了，已经在积累工作经验了。有了这根弦，你就提醒自己不要每天无所事事，而要努力利用校园中的资源，使自己在毕业后，能够马上迎头赶上甚至赶超那些没有在校园里学习的同龄人，这样你的学费、杂费以及机会成本的投资才会得到可观的收益。

20世纪80年代以来，一个新的理论——社会资本理论——在各个不同的社会学科领域得到广泛的关注与讨论，在教育经济学领域，关于社会资本理论的研究也越来越多。这个理论对于"如何过好你的大学生活"同样有很强的启示。

社会资本理论认为，如同人力资本能够提高个人的能力从而为自己带来更多的收益一样，社会资本也可以给个人带来广泛的收益，而且还能促进个人更好地去获得人力资本。社会资本有很多种，有的来自你的亲朋好友，可以称为私人社会资本；有的来自你所在的组织（比如学校与班级），叫作组织社会资本。这里，我们不讨论私人社会资本，而重点讨论组织社会资本。组织社会资本，通俗地讲就是你通过大学生活与班级生活获得的社会网络。不要简单地认为这是"拉关系""走后门"。因为，世界上许多发达国家已有大量的研究表明，你在大学生活中认识的朋友和老师越多、关系越亲密，你的学业也会越优异，而且将来毕业找工作也越有优势，甚至离开校园后你的职业发展也会越顺利和辉煌。这看似比较难理解，怎么大学中认识的朋友和老师会有助于自己的学业、求职甚至将来的职业发展呢？其实，这很好理解。你和同学之间关系紧密，可以互相交流学习的经验与方法、共同进步；在求职的时候，由于你认识的朋友和老师多，就意味着你的求职信息渠道多，求职自然就更加容易；在今后的职业发展中，同学友谊、校友友谊同样能够给你带来丰富的职业信息，而且彼此还能在事业上互相帮助。借用一个词语"得道多助"，用在这里就是说如果你拥有很多组织社会资本，那么你就会在各种不同场合得到大家的帮助。而要想拥有很多的组织社会资本，也是需要用心去投入的，比如积极参与班级、校园活动，主动去关心别人、帮助别人，那么当你需要别人帮助的时候，别人肯定同样会伸出援助之手，甚至主动与你分享一些对你而言特别重要或者关键的信息。其实说通俗一点，那就是如果在校园里做到团结友爱，那么不仅你的大学生活能够丰富多彩，而且也会为你将来的职业发展打好组织社会资本的良好基础。

　　简而言之，用教育经济学的思维来规划你的学习与生活，就是你得记住在校园里接受学习除了支付学费、杂费等直接成本外，还得支付宝贵的机会成本。然后，在此基础上，一方面时刻提醒自己刻苦学习、积极参与各种活动，从而增长人力资本或获取能力信号；另一方面，充分利用大学业余生活，在集体活动中、在互帮互助中去积极构建和大学同学、朋友以及老师之间的友谊与感情。

该文主体内容发表在《中国教育报》（2007-11-05）

促进就业应发挥每一位教师的优势

近期有一项对大学生求职不利影响因素的调查，发现有 50.5% 的被调查对象认为"实习经历不够"是造成自己求职不利的因素，排在第一位，紧跟其后的依次为"校友资源利用不足"（比例为 48.6%）、"职业生涯规划指导不够"（比例为 45.8%）以及"就业指导课不够"（比例超过 25%）。基于这项调查发现，有报道认为高校就业指导教师的"流动性高、专业程度低"可能导致了学生的"职业生涯规划指导"和"就业指导课"不够，进而间接造成了大学生的求职不利。

对于这个观点，笔者持保留态度，认为这个"板子"没有打中地方。笔者之所以这样认为，主要有以下两个方面的原因。

其一，目前我国高校人事制度改革的方向是不搞"铁饭碗"、不搞"终身制"，连教学、科研的一线教师都要走 tenure-track （即授予终身教职前的"不升迁即离开"制度），就是要促进人员之间的竞争与流动，提高运行效率。如果又从制度上限制高校就业指导教师的流动，显然与整个人事制度改革的方向是背道而驰的。而希望提高学校就业指导教师的人员比例，显然也是和目前许多大学推动自己的教学、科研一线教师对学生社会事务的广泛参与，进而提高教学质量与整个学校的运行效率之间存在较大的逻辑冲突。

笔者几年前曾经在英国从事过博士后研究。其间由于研究的需要，专门去调查过英国一些著名大学的学生就业服务部门，发现他们的专职人员并不多，相反却有很多兼职的工作人员与志愿者。至于他们的人员流动性，笔者当时虽然并没有做专门的考察，但是却了解到他们大部分工作人员并非"终身制"。

其二，这项关于大学生求职不利的调查，只是询问大学生自己主观判断的求职不利的影响因素，并不一定就是导致学生求职不利的真正因素。因为无论是国际上还是国内都有多项实证研究发现，学校的就业、创业指导课等服务不一定能够很好促进学生实际的求职就业与职业发展。所以，虽然负责就业指导的教师、辅导员有义务帮助学生进行职业规划、指导学生如何找寻工作、如何调整就业期望与心态等，但是他们显然不能为大学生求职不利负责。

可见，提高就业指导专职教师的比例、降低他们的流动性，一方面对大学生成功求职的促进作用可能有限，另一方面也与目前我国高校的人事制度改革方向不一致。

既然如此，难道大学就应该在毕业生就业难面前放弃就业指导的职责？显然不是。从20世纪90年代开始，一系列关于欧美毕业生就业的实证研究发现，教师的帮助能够显著提高学生的就业概率与就业质量。而且这些教师大多是学生所在院系的行政管理教师、课程的任课教师以及导师等。这些教师本职工作并不是就业指导，也可能不具备就业指导的专业技能。但是他们可能了解一些就业信息的同时也了解自己的学生。显然，就业指导中心的专职教师对学生的了解，不如这些学生所在院系的教师与导师。因此，院系教师能够更好地充当就业单位与自己学生之间的信息纽带，进而能够更好地推荐、帮助自己的学生找到工作，甚至找到好工作。

让我们再次回到一开始的调查，这项调查发现大学生认为求职最不利的两个因素分别是"实习经历不够"和"校友资源利用不足"。这两个因素显然在很大程度上只能依靠学生所在的院系来解决，而学校的就业指导中心、专职的就业指导教师能在这两个方面运作的空间并不大。而且国际上的研究也发现院系的教师之所以能够显著提高学生的就业概率与就业质量，很大的一个原因就是院系的教师能够帮助自己的学生找到合适的实习资源、校友资源与工作信息。笔者对此很有感触，笔者目前一方面从事就业的研究，另一方面在学校就业指导中心兼职进行就业咨询；很多学生找笔者咨询，不仅仅是寻求求职技巧上的帮助，而往往是希望在就业信息与资源上得到更为直接、有效的帮助。

综上所述，笔者认为提高毕业生的就业概率与就业质量，不应该将资源与精力放在减少就业指导专业人员的流动性上，而应该是让院系的广大行政管理教师和教学、科研的一线教师加入整个学生就业工作行列，发挥他们掌握实习资源、就业资源与校友资源的优势，促进学生的就业。

该文主体内容发表在《中国教育报》（2014-05-15）

高校在就业服务上不能缺位

近期《人民日报》刊文揭露大学生求职咨询课程的乱象，很多大学生面临求职压力时，竟然会付上千元的费用去求职平台接受所谓的求职培训。笔者对此的第一反应是"完全不赞成"。

首先，对大学生求职进行充分的指导应该是大学或者院系应尽的职责，因此大学生不应该也不需要通过付费来进行求职准备。其次，大学生本身没有太多收入来源，让大学生花费高昂费用接受虚无缥缈的求职培训，相关机构有恶意收费甚至诈骗的嫌疑。最后也是最为重要的，笔者认为通过付费求职培训机构无助于学生的求职，因为这些平台非但在提供职位信息上没有任何优势，相反还有天然的劣势。对于大学生求职而言，求职信息是最关键的，但是用人单位不会去联系求职培训机构，而是会去联系高校。所以，相关监管机构以及大学生本人应该对这种求职培训机构保持充分的警惕性，避免大学生还未走出社会就遭受权益的损失。

笔者认为之所以出现付费求职平台而且有多起大学生权益受损的案例，主要有两个原因：其一，可能是大学缺乏对学生的求职或者职业发展进行指导，导致对自己就业担心的大学生，面对就业压力无所适从，只能病急乱投医。其二，一些机构基于大学生求职难的大背景，故意制造焦虑，甚至故意制造骗局，诱导学生付费进行求职培训。

笔者曾经做过很多关于大学生求职准备、求职过程与实际就业结果的研究，发现在大学学习期间的求职准备能够显著提高大学生最终找到工作的概率、显著提高找到工作的起薪与满意度等，求职过程中寻求教师、同学、校友的帮助也能显著提升大学毕业生的就业质量。但是笔者发现，求职过程中花费更多的金钱成本并不一定能对大学毕业生的求职带来正向的帮助，甚至还有研究发现在求职过程中会产生负面影响。

为什么求职过程中花费更多的金钱成本反倒可能会对求职产生负面效果呢？这是因为，如果求职者仅仅是漫无目的地花费大量金钱在求职上，比如制作精美简历、购买豪华服装、乘坐昂贵的交通工具以及付高昂学费参加所谓的求职培训班等，相比那些善于借助"物美价廉"的信息渠道（比如学校或者教师的介绍）的毕业生，后者尽管在求职上花费并不多，求职的效果与效率却明显更高。除此之外，漫无目的的"广撒网"不但可能花费巨大，而且可能在繁杂的求职信息中迷失自己，无助于毕业生找到工作或者找到质量更好的工作。

基于此，笔者建议，毕业生为了能在庞大的求职大军中脱颖而出，尽快找到工作、找到自己满意的工作，应该采取"精耕细作"的策略，避免花冤枉钱。具体而言，笔者有如下两个建议：

其一，在求职之前以及在求职过程中做好充分的求职准备，包括自己未来想在哪个城市发展、在哪个行业发展，自己预期满意的工资、自己预期工资的底线（学术术语叫作保留工资）等，这样就有助于提高自己求职的针对性，减少求职的盲目性。而且有了好的工作机会后，更容易把握住，避免患得患失。

其二，求职的时候多依靠自己的校友、教师、同学甚至亲朋好友，因为这些都是重要的社会资本。这些社会资本，会有效降低求职过程耗费的时间与金钱，还有助于提高找到工作、找到好工作的概率。

除了对大学生个人的建议外，笔者还呼吁大学在对自己学生的就业服务上绝对不能缺位。大学对自己学生提供的就业服务，不单单是在最后一年提供签约、户口、档案、举行校园招聘会、吸引用人单位来学校进行宣讲等，还应该全员、全程、全方位地为学生提供就业服务，包括但不限于：①面向全校学生开设职业生涯规划方面的课程并提供就业咨询。②鼓励任课教师、导师等参与就业工作，比如鼓励教师在对外的各种交流工作中，有意识地走访就业单位、向就业单位推荐自己的学生。③学校或者院系和政府、企事业单位合作建立就业实践基地，让学生能够在学校学习期间对就业市场有更多的接触与了解。④发挥校友的就业引导、就业推荐作用。

总之，毕业生收费求职平台的出现是一种不太正常的现象，这在一定程度上反映了大学生在求职过程中出现的普遍焦虑问题，也在一定程度上表明有些高校在对自己学生的就业服务上存在片面与缺位的现象。为了保障学生的正当权益，相关政府机构应该对一些收费求职平台的诈骗行为进行监管，高校也应该建立起全员、全程、全方位的就业服务工作体系。

该文主体内容发表在《中国科学报》（2019-11-27）

高校应为创业毕业生提供交流机会与环境

随着互联网技术的不断发展，互联网已经和我们的生活、学习、生产等一切行为密不可分。因此，李克强总理提出互联网是"大众创业、万众创新"的新工具，而"大众创业、万众创新"是中国经济提质增效升级的"新引擎"。因此，"互联网+"的概念应运而生，在互联网技术、"互联网+"理念的驱动下，大学生的创业门槛降低了。这极大地促进了大学生创业，并在一定程度上降低了大学生的就业压力。

然而，目前有一些舆论认为"大众创业、万众创新"已经把大学生创业搞成了一种"群众运动"，很多高校的创业课程、创业基地，以及很多大学毕业生的创业都是仓促上阵，很有可能导致大多数毕业生创业以失败告终。笔者认为这种担忧是值得高校和大学毕业生关注的，高校应该继续提升创业课程、创业基地的质量，想方设法提高毕业生创业的成功率。

但是，笔者认为创业还真得搞一点"群众运动"。比如大航海时代、蒸汽机发明之前，都是全社会高度关注并且投入航海冒险和动力发明中去，最终"哥伦布""瓦特"才脱颖而出。因为，即使没有"哥伦布"发现新大陆、"瓦特"没有发明蒸汽机，也会有"法伦布""瓦力"等来完成这些使命。因为，无论是大航海还是发明创造都是高风险的事情，而高风险的事情，就意味着很多人会失败，因此必须要有足够规模的参与量，才能保证成功的案例脱颖而出。同样的逻辑，高校毕业生创业也是一个风险比较大的事业，所以必须要有一定的规模作为支撑，才能保证出现足够多的成功的案例，以激励更多的毕业生投入到创新、创业中来，直至形成一个正向反馈。否则，根本不可能在大学生中形成足够的创业氛围。而且只有当创业的大学生达到了一定的规模，相应的师资、课程与基地的建设才能实现规模经济，否则创业教育的建设将是一个低效率的项目。

除了必须要有足够的高校毕业生创业规模外，笔者认为要提高创业教育的效率、保证毕业生创业的成功率，高校还需要建立起相应的制度，让创业毕业生在创业过程中能够不断相互交流与学习。1999 年，时任世界银行资深副总裁与首席经济学家，也是 2001 年诺贝尔经济学奖得主约瑟夫·斯蒂格利茨（Joseph E. Stiglitz）在回答"20 世纪 90 年代为什么俄罗斯转型失败了，而中国转型却成功了"这一问题时，重点论述了社会机构、社会资本在帮助广大民众从怎样和市场打交道、从一无所知到能够熟练掌握上发挥的积极和建设性的作用。斯蒂格利茨认为中国并没有像俄罗斯那样一下子让企业大面积破产，这样就能让社会中广大的企业继续发挥社会和机构资本的作用，为去市场经济中就业与创业的职工提供相互交流、相互学习的场所与机制。

斯蒂格利茨专门论述了社会机构和社会资本对创业的重要性，他说："可能会支持、培育创业努力的社会机构包括地方村政府、工会、学校、大学。"他认为在社会中整体创业经验很少的情况下，社会机构和社会资本尤其重要（斯蒂格利茨专门提到了学校和大学）。这是因为和市场打交道的知识、创业的知识实际上是"分散的"，只能让众多亲自在市场中摸爬滚打的人、亲自参与创业的人相互交流与学习，这才是最有效的学习方式，才能促使尽可能多的人尽可能快地学会和市场打交道、学会创业；而社会机构和社会资本就能为大家提供一个制度性的交流场所与机制。因此，斯蒂格利茨认为，中国为广大"下海""下岗"职工提供了相互交流与学习的社会机构与社会机制，保证了中国很快地实现了从计划经济向市场经济的顺利转型。

除了斯蒂格利茨外，还有世界各国的大量的实证研究证实，来自大学的社会资本（包括和老师、和同学的关系等）有助于大学生的就业和创业。所以，在"大众创业、万众创新"的时代背景下，学校不仅需要提供良好的创业教育、创业基地，可能更重要的是为投身于创业的毕业生提供制度性的非正式的相互交流与学习机制，让这些毕业生分享市场信息、分享各自成功以及失败的经历、感受与感悟等。让这些毕业生知道自己虽然已经毕业了，但是在创业过程中，依然有自己的母校、老师、同学作为刺激创业的坚强后盾。这样毕业生就能更快学会创业，创业成功的概率也会提高。

总之，笔者认为提倡"大众创业、万众创新"是符合创业规律的，因为这样有助于增加创业成功的案例、提高创业教育的规模经济等；而高校除了要积极鼓励自己的毕业生从事创业外，还要为他们在毕业后搭建继续相互交流与学习的平台，让他们尽快学会创业、尽快成为在市场打拼中的"弄潮儿"。

该文主体内容发表在《中国科学报》（2015-07-30）

研究生结构性就业矛盾怎么破

2020 年 10 月 28 日，青塔人才发布了一篇题为《2020 硕博求职报告：每 5 个硕博，就有 1 个找不到工作》的文章，里面提到 2020 年研究生毕业生，包括硕士和博士在内，面临着就业难的困境。此前笔者一直在各种场合呼吁进一步稳定扩大我国研究生教育的规模，因此笔者对于研究生毕业生就业难的问题特别关注，同时也在持续关注着研究生的就业、收益与风险问题。

随着我国研究生教育规模的扩大，很多研究生在毕业的时候会面临就业难问题，与此同时他们在职业生涯中会遭遇较大的收益风险。但笔者认为这是一种正常的现象，如同硬币具有两面一样，因为研究生的收益率较高，所以必然会面临较大的收益风险。

笔者认为，在读研究生在深刻意识到自己未来会遭遇就业难、教育投资风险大的同时，也应该意识到，祖国很多地方是极度需要研究生去建功立业的。笔者有幸参与了四川凉山州的支教扶贫工作，深知贫困地区多么迫切需要本科毕业生，更无须说研究生毕业生了。笔者的家乡是中部省份的一个小城市，最高学历是硕士研究生的比例非常低，最高学历是博士的研究生可谓凤毛麟角，而家乡城市又急需高素质人才推动产业升级转型。前不久，全国脱贫攻坚总结表彰大会在北京举行，表彰了我国脱贫攻坚事业中的突出贡献人员，从中一方面可以看出我们的党和国家对于消灭贫困的态度与决心，另一方面也能了解到我国的广大偏远地区缺乏高素质人才。

再来看统计数据，我国每万人中研究生的数量远远低于欧美等发达国家。即使不和发达国家比，单看我国自己的统计数据，也足以让人吃惊——2019 年我国初中学历者还有近五亿。据 2019 年劳动统计年鉴显示，北京接受过高等教育（专科、本科和研究生）的劳动力比例为58%；但同处东部省份的河北和黑龙江两省，接受过高等教育的劳动力比例仅为17%；广东、山东、福建这些经济发展较好的东部省份，接受过高等教育的劳动力比例也在20%上下，更不要说经济相对落后的西部省份了。以西部地区经济发展比较好的陕西省为例，接受高等教育的劳动力比例也在20%左右，但是最高学历仅是初中学历的比例却高达43%，还有部分比例的人群仅有小学文化程度。

近年来，笔者的研究团队一直在分析研究生教育对经济社会发展的促进作用。我们发现，十多年前西部研究生教育对经济增长的贡献还远远小于东部地区，但是最近几年，西部研究生教育对于经济增长的正向促进作用已经和东部基本持平。更为重要的是，这种作用是一种因果效应，即研究生是因，经济增长是果。

由此，一个令人矛盾的现象就显现出来了：一方面，我国研究生相对规模并不大，西部地区、欠发达地区对于研究生的需求极其强烈，研究生教育也能够显著推动西部地区、欠发达地区的经济发展；另一方面，诚如本文开头所说的那样，"每5个硕博，就有1个找不到工作"。

要解决这一结构性矛盾，除了政府需要制定政策引导研究生去西部、去乡村、去艰苦行业就业外，在读研究生也需要自觉地去参与我国的西部建设与乡村建设。其实，美国在其发展历史上也有过人才"孔雀东南飞"的过程——随着美国经济的腾飞，大量人员从乡村涌入城市，导致美国农村凋敝。对此，美国政府通过大规模的科技下乡，使其农业相关产业取得了快速发展，美国的乡村才又重新振兴了起来。而我国在历史上就一直有精英人才去边疆、去基层发展的传统。因此，在中国推动高素质人才去祖国最需要的地方，更加具有可行性。

笔者希望研究生能够立志去欠发达地区就业，比如去刚刚脱贫的地区，帮助这些地区保护脱贫的胜利成果，因为刚刚脱贫往往容易返贫，需要一定的产业作为支撑才能避免，而产业需要一定的高素质人才作为支撑。当然，笔者也深知发动较大规模的毕业生去刚刚脱贫地区工作有点勉为其难。但是，广大研究生毕业后去东北、去西部的一些大中型城市就业、扎根、建功立业却具有一定的可行性。因为这些地方有较好的产业基础，工资水平也能够得到一定的保证，而且鉴于研究生在这些相对欠发达地区的作用越来越大，研究生们只要再多一点进取精神以及奉献精神，是完全可以如同几十年前那些服从国家分配的大学生那样在东北、西部等地区努力奋斗、安居乐业的。

与此同时，欠发达地区也要有足够的"同理心"，努力在政策、制度等方面加大对研究生的吸引力，为他们搭建好建功立业的平台，只有这样才能实现良性互动的可持续发展。欣喜的是，现在我国正处于实现中华民族伟大复兴梦的冲刺阶段，未来的中国必将实现大江南北普遍的发达与创新。因此，笔者建议现在的在读研究生，与其为就业、高房价等焦虑，还不如坚定自己去祖国最需要地方的理想与志向，积极做好各种准备，提前布局，毅然离开现在的舒适区，去祖国更需要的地方书写自己的精彩。

该文主体内容发表在《中国科学报》（2021-03-02）

让更多毕业生走"主动型"自主创业之路

　　随着高等教育的持续大规模扩展，高校毕业生的数量每年攀升，几乎每年都被媒体称为"史上最难就业年"。因此有学者认为，要想解决高校毕业生的就业压力，就应该鼓励毕业生进行自主创业，以缓解就业矛盾。然而，自主创业并不是一件容易的事情，尤其是对于刚刚走出校园、和市场打交道的经验近乎为零的高校毕业生而言。

　　很多调查显示，高校毕业生选择自主创业的比例并不大，而且即使选择了自主创业，能获得成功的比例更是小之又小。比如，2011年，一份大学生就业意向调查报告显示，仅有15%左右的高校毕业生表示有创业意向，而且这还是让毕业生可以有多个就业意向之后的结果。据2004年教育部的一项关于学生创业企业的跟踪调研报告显示，在近100家学生创业企业中，五年后继续运营的不到三分之一，赢利的不到五分之一；另两项调查的结果更为悲观，2005年的一项调查表明，大学生创业成功率只有2%~3%，远低于一般企业；零点公司2007年的一项调查显示，大学生创业成功率只有0.01%。看来让较大比例的高校毕业生创业获得成功，进而缓解高校毕业生的就业困难，目前可能还只能是理念上的设想，远远没有成为一个事实。

　　高校毕业生的创业按照创业的驱动力大致可以分为两类。一类是难以找到合适的工作而不得不选择自主创业。这种类型的自主创业称为被动型自主创业。还有一类并不是因为找不到工作的"被创业"，而是已经有想成为企业家的想法与抱负，对某一领域、产业已经有创意理念的主动创业，称之为主动型自主创业。相对而言，被动型自主创业可能缓解就业难的作用微乎其微，因为被动型自主创业往往局限于解决自身的生计问题，而且失败的可能性非常大；而主动型自主创业却能联合更多毕业生一起参与创业，给毕业生以及整个社会提供更多的就业机会。可见，毕业生创业真的能够缓解就业难的问题，高校与相关政府部门只有根据不同类型的毕业生采取不同的支持与扶持策略，才能起到事半功倍的效果。

一般而言，主动型自主创业由于比被动型自主创业的要求更高、创业门槛也更高、需要得到的扶持更大、更完备。如果没有宽松的创业环境，没有对创业毕业生"扶上马，送一程"的持续关注与扶持，毕业生即使有比较强烈的创业想法，往往也可能会担心创业失败进而一开始就放弃创业计划。

笔者与同事前段时间以硕士毕业生的样本专门研究了什么样的毕业生群体会有主动创业的意向，发现那些给予大学生创业以更大落户自由度以及持续融资服务的城市，它们的毕业生更有可能怀有主动创业的意向。而那些对大学生创业优惠措施有更加严格的户籍限制的城市，它们的毕业生主动创业的概率明显更小。

如果没有坚定的、明确的自主创业意向，没有经验、没有阅历的青年毕业生的创业很有可能会成为一种"戛然而止"的仓促上阵。在残酷的市场竞争中，青年毕业生可能很快就会败下阵来，灰心丧气地成为待业青年。这其实并不能从根本上解决整个社会的就业难问题。所以，鼓励高校毕业生创业，更应该从培育他们的主动创业性出发，让他们建立起成功创业的信心。

除了各级政府要通过创造更为宽松的创业环境促成高校毕业生自主创业外，高校在这方面的作用更加重要，更加不能"缺位"，因为高校才是能够给毕业生的创业提供技术、创意与团队的基础所在，高校才是培育、激发毕业生创业最好的土壤。细心的读者可以发现，世界上很多著名的创业团队都是师生、同学或者校友作为搭档齐上阵，比如微软、搜狐、新东方等。这是因为，师生、同学与校友在大学时代就已经是志同道合者或是彼此知根知底的人，一旦机会来了，就自然组成了具有强大竞争力的团队。这些著名的创业团队不一定是刚毕业就走到一起创业，但是大学期间共同学习与生活的经历，很轻易让经过市场磨炼的他们在若干年后自动重新聚集起来，做一番事业。

因此，高校除了需要鼓励自己的学生单打独干进行创业外，还应该有策略地培育、打造创业团队，就好比培育了一颗颗创业的种子。这样即使他们毕业后不会马上选择创业，可一旦条件成熟，这些创业种子就会结合起来，成长为参天大树甚至汇聚成一片小树林。可见，高校的这种培育"主动型"创业的创业观就比单纯为了解决毕业生就业难而让毕业生"被创业"、增加就业率的创业观更为远大，对社会的贡献也更大，这才符合高校育人之本的精神。

总之，无论是社会还是高校，对毕业生创业应该是从根本上培育他们的创业理念、促成他们主动地创业，而非由于担心毕业生就业率低而想着通过让学生毕业前的暂时"被动就业"而"甩包袱"，如果真是抱着"甩包袱"这样的心态促成毕业生就业，毕业生可能很快就会遭遇创业失败、成为待业青年，进而产生更加严重的社会问题。

该文主体内容发表在《中国科学报》（2014-04-03）

高校毕业生应该继续加强和同学与老师的联系

火热的毕业季到了，不管是否已经找到了工作，不管对自己找到的工作是否满意，那些没有马上升学计划的广大高校毕业生已经开始收拾心情、打包行李准备离开母校、踏入社会了。在广大高校毕业生离开自己的母校之际，笔者强烈建议高校毕业生能够继续加强自己和同学、老师以及母校之间的联系，因为这样将会有助于自己未来的发展。

对于那些还没有找到工作的毕业生而言，你现在千万不能抱着对同学的羡慕、嫉妒以及自己的自卑而疏远与同学的联系，也不能因为没有找到工作而对老师、母校心生怨恨，而是应该更加积极地与自己的同学、老师、母校取得联系，继续获得他们在求职上的帮助。尤其是和那些已经找到工作的同学的联系，将会大大拓宽你获得更多工作岗位信息的渠道，甚至能够获得那些工作一段时间后同学的大力推荐。这样就能大大提高自己找到工作的概率，帮助你减少待业的时间。

对于那些已经找到工作的毕业生而言，如果你对自己的工作不太满意，同样不要因为不高兴而疏远与同学、老师之间的联系。因为，同学和老师可以在工作业务上帮助你，使得你尽快熟悉自己的工作、并尽快在工作上做出起色与业绩，从而提升你对工作的满意度。还有可能的是，同学与老师可以继续给你提供更多的工作信息，有助于你找到更为满意的工作，进而在新的工作岗位施展自己的才华。

对于那些已经找到自己满意工作的毕业生，现在可谓是意气风发、踌躇满志，那么建议你同样继续加强和自己的同学与老师之间的联系。俗话说"一个好汉三个帮"，你是职场新人，在新的工作岗位中，知心朋友并不多，因此更需要在遇到困难时，多与自己的同学、老师交流，通过他们认识更多的朋友、关系与渠道，尽快打开自己工作的局面。

请广大毕业生千万不要以为上述只是"老生常谈"或者是"砖家"的纸上谈兵。国际上有研究发现，那些毕业若干年后，与自己的同学、老师、母校保持密切联系的人与那些疏于和自己的同学、老师、母校联系的人相比，前者的职业发展明显要好于后者。这是因为前者能够得到更加广泛的社会网络的支持。而国内也有研究发现，那些在读书时和自己的同学关系密切的职场人士，往往能在工作后通过继续与同学、校友的交往，进一步拓宽自己各方面的社会网络与渠道，进而有助于自己事业的发展。

其实，目前国内部分高校也已经认识到了让毕业生和自己的同学、老师、校友以及母校保持紧密联系将有助于推动毕业生顺利进入事业发展的快车道，因此加强了对毕业生离校后的事业支持。比如清华大学的毕业生与校友工作就要求做到"扶上马，送一程"。所谓"扶上马，送一程"，就是要求学校的领导、老师主动多和自己刚刚毕业或者毕业不久的学生、校友联系，甚至专门去工作岗位看望自己的毕业生与校友，了解他们入职初期的各种困难、了解他们事业发展的瓶颈，帮助他们解决各式各样的生活与工作实际问题，与此同时，清华大学甚至还设立专门的"校友励业金"支持毕业生去基层、去国家重点领域建功立业，通过多种举措促进毕业生与自己的同学、校友之间互帮互助，期望他们可以共同进步。

在学校的帮助下，毕业生与校友获得了进步与发展，必然会更加感激自己的老师与母校，进而能够增加学校的凝聚力、提高学校的声誉以及未来获得校友捐赠的概率，这样也有助于实现双赢。所以，一方面高校要继续积极关心、帮助自己的毕业生，另一方面毕业生自身也应该继续加强与自己的同学、老师、母校之间的联系，这样即使你暂时还没有找到工作、暂时遇到了困难与挫折，你也能尽快走出低谷，你的事业会越走越开放、越走越宽广。

最后，笔者衷心祝愿高校毕业生们，能够通过自己的主动，获得各方面（尤其是自己的同学、老师、校友与母校）的帮助，迅速找到自己的职业定位、推进自己的事业发展。

该文主体内容发表在《中国科学报》（2013-06-06）

在校园里获取社会资本无可厚非

"拉关系"在当前国内的话语环境下多少是有点贬义的，让人想到走后门与腐败，等等。尤其是最近有不少人对于从中学甚至小学就开始的"积累人脉"这种现象表示了担忧，认为这种世俗、功利的做法不利于孩子的身心健康发展。笔者并不赞成小学生甚至幼儿园学生就有很清醒的"人脉"或者"关系"的概念，但是却支持大学生甚至高中生为了自己的学业以及未来的职业发展而有意识地去通过校园环境构建自己的社会网络，积累自己的社会资本。

目前"社会资本"这个词是社会学科的热门词汇，世界范围内的、不同学科的学者都对其有着浓厚的兴趣。对于到底什么是社会资本，不同的学术流派有不同的关注点与定义。其中美国学者科尔曼认为社会资本是人与人（或者集体）之间的关系，并且这类社会关系是能够促进个人或者集体的生产性的活动。科尔曼还认为社会资本和人力资本之间存在着相互转换的关系。也就是说如果你在班级中或者学校中和其他同学、老师保持良好而且密切的关系，彼此可以互相交流学习心得、学习方法与学习信息，这将有助于你取得更好的学习成绩。而很多国家的实证研究也支持了上述关于社会资本有助于提高大学生与高中生学习成绩的论断。

一个较为有名的案例是，第二十四任美国国务卿苏厄德在大学期间和另外一名志同道合的同学结成了学习兴趣小组，互相勉励、互相帮助，节省了许多本来要花费在生活琐事上的时间，增加了学习时间，他们最终都取得了优异的成绩，苏厄德更是以全校成绩第一的身份光荣毕业。而世界范围内关于学习成绩的研究也显示，同学和老师相比，前者对于学生成绩的促进作用更大。学者将这一现象用一个专有名词进行定义，即学伴效应（peer effect）。

拥有更多的社会资本除了能够促进自己的人力资本增加外，还有其他更广泛的用途，比如可以为未来的事业与人生的发展"积累人脉"。对此，另外一位社会资本研究的集大成者——美国学者林南认为社会资本就是个体为了未来获得更大预期的回报而主动去投资构建的社会关系网络。其中学校就是构建这种社会关系网络、获取社会资源的重要场所。同样在世界范围内的大量研究得到了近乎相同的发现，那就是在大学甚至在中学，和更多同学结交成为好朋友、和同学的关系越密切，那么就越能在毕业求职时找到好的工作，未来的事业发展也越顺利。这同样是因为同学之间可以分享工作信息、互帮互助，从而达成双赢、多赢，甚至直接形成事业伙伴，组成创业团队。比如杜鲁门总统内阁的同僚中很多都是他儿时的玩伴，肯尼迪总统的幕僚也有他在哈佛的同学，比尔·盖茨的商业合作伙伴史蒂夫·鲍尔默就是他大学时候的好朋友。国内现在有很多成功的创业团队的核心成员都是由同学或者校友组成的。

可见在学校学习期间通过广交朋友"积累人脉"完全是正大光明的、理性且多赢的行为。这里需要说明的是，"积累人脉"并不是指仅仅和所谓的"官二代""富二代""结交关系"。因为，根据林南的研究与论断，创建更好的社会网络应该是与不同禀赋、不同家庭背景的同学广交朋友；如果仅仅和单一的或者相似背景的同学交朋友，对自己将来事业发展的帮助可能并不大。

而且还有研究发现，来自一般家庭背景的学生可以通过校园的生活与学习，结交更多不同背景的朋友，从而构建自己的社会网络，积累社会资本，帮助自己克服在家庭背景上的劣势，促成自己在学习上、在未来事业上的成功。所以在校园学习期间"积累人脉"获取社会资本，还能够促进社会流动、提高社会公平。

有学者为此专门指出获得社会资本本来就是学生在接受学校教育的过程中，在获得知识、提高能力之外的一个非常重要的副产品。当然，学生要积累更多的社会资本如同要取得更好的成绩一样，也是需要努力投入的，比如用心参与各项集体活动，用心去关注、帮助身边的同学，只有这样才能真正构建起属于自己的丰富而多元的社会网络。而如果大多数同学都能积极参加集体活动，团结互助，那么校园就将成为蓬勃向上的和谐校园。

　　还有的学者认为一个地区或者国家中，人与人之间的社会关系越密切，就越意味着这个地区或者国家的社会资本雄厚，这将极大地推动整个地区或者国家的经济与社会发展。所以，不要将在校园里面"积累人脉"的现象视为粗鄙、庸俗的东西，毕竟多一点人与人之间的关系、网络、交流与合作，这个世界将会更加开放、团结与信任，哪怕一开始有人是怀着功利的打算去这么做的。

　　　　　　　　　　该文主体内容发表在《中国科学报》（2012-09-12）

怎能简单拿高校毕业生的起薪与熟练技工的工资进行比较！

随着这十多年来我国各个学历层次的高等教育规模的持续扩展，普遍而言，高校各个学历层次的毕业生都感受到了巨大的就业压力，也因此关于高校毕业生起薪低的各种新闻不断出现。比如前两天"硕士生抱怨薪水不如搬砖工"的新闻又出现在多家报纸和门户网站上，其实类似的新闻这两年已经屡见不鲜了。

只是，笔者看见类似标题的新闻总有疑惑："他们是故意调侃还是真的不懂呀？"因为，很显然的道理，不能简单拿起薪与已经具有丰富工作经验后的工资去比较呀。毕竟不要忘记了，一个人的工资除了与学历层次呈显著的正相关外，还和工作经验呈显著的正相关，也就是说一个人的工资会随着自身工作经验的提升而不断提高。所以，如果单纯只拿高校毕业生的起薪去和早已在就业市场中积累了丰富的工作经验、具有很强工作技能的技术工人的工资相比，前者低于后者也是理所当然且在情理之中的呀。

很多人投资更高学历教育的一个非常重要的原因是为了获得更高的收入，这就意味着接受更多的教育是一种投资行为，而投资行为本身是需要付出成本的。投资教育除了要支付学杂费等直接成本外，还有一个更为重要的而且往往容易被人忽视的成本，那就是机会成本。在笔者看来，投资教育最大的机会成本，就是不得不放弃直接工作的机会，从而在学习的这几年中丧失了积累工作经验的机会，并且没有得到这几年工作可能获得的收入。投资更高学历的教育，是期望毕业若干年后工作收入能够快速增长，最终超越那些没有投资更高学历教育的人的收入。可见，投资更高学历的教育，并不意味着一毕业、一进入就业市场，就马上能够得到更高的收入，而是经过一段时间才能实现总收入的超越。

所以，高校毕业生应该想到的是自己的起薪远远高于那些没有读本科、硕士的同辈的起薪，应该想到自己在若干年后的工作收入也会远远高于那个时候"搬砖工""金牌月嫂""金牌技工"的收入。当然，这只是统计意义上的规律，并不能保证所有念过本科、硕士的人以后的收入都能超越"金牌月嫂"与"金牌技工"的收入，比如某些高校毕业生在毕业后好高骛远、不能安心于某一特定职业或者行业而是不停地在不同的职业、行业之间跳动，工作经验、工作技能不能得到很好的增长，那么很有可能收入仍然是会低于那些身怀高技能的没有读过大学的技术工人的。

因此，现在的高校毕业生担心的不应该是自己的起薪不够高，而更应该担心自己是否根据自己的所学专业、自己的特长与性格特点，对自己未来若干年的事业发展进行了规划。因为只有明确的事业规划，并且在工作后努力去实施，才能尽快地实现自己在进入就业市场后工作收入的快速增长。否则，自己投资更高学历层次的教育以获得更高收入的期望将会落空。

目前社会上出现了两个相互矛盾的现象，一方面许多硕士毕业生抱怨自己的工作不好找、起薪的优势不再明显，另外一方面是越来越多的应届以及已经工作好几年的本科毕业生前赴后继地加入考研大军。其实，这两个现象是一个硬币的两面。正是因为平均而言，硕士毕业生的终身收入会高于本科毕业生的终身收入，所以才大大增加了硕士教育的社会需求。随着硕士研究生规模的增加，硕士毕业生的供给也增加了。根据价格供需原理，当产品的市场规模已经比较大时，产品供给的继续增加，将使产品的价格下降。因此，硕士毕业生的增加，可能会使其起薪随之降低。与此同时，同样根据供需原理，因为有更多的人来读大学，那么社会上"搬砖工""月嫂"以及"技工"的供给就下降了，他们的工资就会相应地上升，所以硕士毕业生的起薪与这些熟练工人的工资相比就不再有优势甚至还有劣势了。

目前硕士毕业生的起薪低于熟练工人的工资，是当前我国就业市场的一种正常的、理性的反映。鉴于此，笔者认为硕士生屡屡对自己起薪低于"搬砖工""月嫂"工资的抱怨，更多的可能是一种自嘲，是一种在巨大就业竞争面前的压力释放，否则就很难解释为什么在免费研究生时代将终结、硕士毕业生的就业压力不断增加的同时，报考硕士研究生的人数依然再创新高。

最后笔者想对高校毕业生说的是，面对就业压力时自嘲是可以的，但更为重要的是要相信自己的实力与未来，要想到自己只要在今后的工作中同样用心、同样积累工作经验、同样提高工作技能，就能实现收入的快速增长与超越。

该文主体内容发表在《中国科学报》（2013-03-28）

不要让"专业"蒙蔽了自己的就业

近日，教育部公布了近两年来本科就业率低的专业名单，让很多自己所学专业在这一名单中的学生惊呼"中枪了"。其实在笔者看来，即使自己的专业在名单里面垫底，高校学生也不需要压力过大，因为求职是一件很"私人"的事情。即使对于高就业率的专业而言，没有就业学生的绝对规模依然很大，也就是说很多高就业率专业的学生依然可能找不到工作；同样的道理，低就业率专业的学生找到工作的绝对规模也很大。总之，专业的就业率高低完全不能决定学生是否能够顺利就业。

因此，笔者认为大学生完全可以不考虑专业因素，而是需要踏踏实实做好如下三方面的工作：首先，自身知识、能力要过硬。因为市场化程度越高，个体的专业素质越能在就业市场中得到高回报。如果自身没有过硬的专业素质，专业肯定不会成为求职的加分项。相反，如果自身专业素质过硬，不管专业是什么，都会具有很强的竞争优势。其次，如果自身专业素质过硬，那么接下来要尽量了解周围就业市场的工作信息与机会。如果对周围的就业市场不了解，那么漫无目的地投简历，很有可能会遭受多次求职失败，毕竟不知己知彼，怎么可能保证取得胜利呢？且求职失败的次数一多，会影响自身的情绪与士气，进而影响自己的判断，导致手中有一把"好牌"却打砸了。这是很多毕业生在求职时非常容易犯的错误。最后，要尽量让用人单位对自己有了解。为了保证自己能在众多竞争者中脱颖而出，大学生最好能够通过各种渠道让用人单位了解自己，包括实习、获得别人的推荐等。

如果真正能够做好以上三方面，笔者认为无论是什么专业的毕业生，都不应该为所学专业发愁。但笔者今年还真为广大高校毕业生的就业担心，这是因为今年整个宏观经济形势不利于大学毕业生的求职，即"经济结构在调整，产能依然过剩，经济下行压力增大"。这会导致几乎所有专业的大多数毕业生都会感觉到就业压力，甚至各方面条件都具备的毕业生可能也会为找不到理想的工作而发愁。

在这里，笔者强烈建议毕业生千万不要"有业不就"，在"就业难"的宏观背景下，每个毕业生都要抱着"人生是长跑"的心态，一开始选择工作可以姿态低一点、起点低一点，然后在工作过程中积极去了解就业市场、适应就业市场、增长就业能力，期待更好的就业机会的到来。

　　　　　　　该文主体内容发表在《中国科学报》（2014-11-06）

理性将成为高校学生的常态

近期有两个关于大学生报告发布的新闻，引起了笔者的注意。一个是教育部高等教育教学评估中心发布的首份《中国高等教育质量报告》，一个是麦可思研究院日前公布的大学生就业报告。虽然笔者由于目前在加拿大进行学术访问而不在国内，因而无法看到这两份报告的全文与原文，但笔者看到这两个报告的新闻报道，依然是颇为兴奋的。

《中国高等教育质量报告》里面说到我国"2015年在校生规模达3700万人，位居世界第一；毛入学率40%，高于全球平均水平"；麦可思研究院的大学生就业报告中提到"毕业生失业比例连续5年下降，收入增长明显"。这两个数据结合起来可以看到我们国家的高等教育系统经过连续将近二十年的大规模扩展后，不但数量巨大的学习者有机会接受高等教育，而且还能做到"毕业即就业"。

遥想2003年，笔者正在读博士，加入了一个课题组就是研究1999年扩招后第一届大学生的就业问题。当时就业市场上一下子比上一年多了这么多的大学毕业生，加上当时的高等教育仍然被广大民众、家长与学习者自身认为是精英教育，所以很多大学生出现了"毕业即失业"的现象，其中很大的一个原因就在于很多自视为"天之骄子"的大学生"有业不就"。比如，作为吸收就业大军的中小企业，最终吸收大学毕业生的比例很小，而去小城市和农村就业的大学毕业生的比例就少之更少了；背后很大一个原因是当时的大学生不但从意愿上不愿意去这些地方，而且实际上即使找不到工作也不去这些地方就业。随之，从2003年以后的好几年时间，因为高等教育连续的大规模扩招，大学毕业生的规模不断创新高，使得大学毕业生的就业形势越来越严峻,"史上大学生最难就业年"也连续出现。

现在十多年过去,随着我国从高等教育精英化阶段跨越到大众化阶段,社会对"大学生是天之骄子"这一20世纪的想法早已淡化,加上大学学费是一笔不小的费用,大学生的就业期望与就业行为也就越来越理性。麦可思研究院日前公布的大学生就业报告中提供的数据就是很好的佐证。因为,近几年来,大学生的失业比例不断下降,而"失业比例下降的一个原因是毕业去向的分流"。首先,"受雇全职工作的比例呈下降趋势"。其次,从毕业去向的城市类型来看,"2010—2014届本科毕业生在地级市及以下就业的比例基本持平,高职高专毕业生在地级市及以下就业的比例从56%上升到60%……大学毕业生的就业城市分布已初步出现'重心下沉'"。再次,从雇主规模看"本科毕业生的去向主要从大型企业流向了中小型企业……在中小型企业就业的人数比例呈上升趋势"。

从麦可思研究院的报告中还可以看到,和大学毕业生失业比例下降同时出现的是毕业生的名义月起薪不断上扬,而且笔者简单作了一个分析,发现大学毕业生名义月起薪的增长速度远远高于CPI的增长速度,即大学毕业生的起薪是有了实实在在的增长。

所以综合这两个报告可以清晰地看到,一方面是越来越多的人接受了高等教育,另一方面是大学生的就业率和起薪在经历了好多年的低迷后连续上扬,即越来越多的人能够从高等教育中获得收益。这两者将形成一个良好的正反馈,促进高等教育的健康发展。一旦这个正反馈稳定下来,可以预测的是,学习者和家长对高等教育的投资会越来越理性;而高校将会主动和社会互动,使得办学能够和社会需求挂钩,这样才能吸引学习者。

除此之外,笔者还预测大学的辍学率也将会大大增加。这是因为随着学习者越来越理性,理性将成为高校学生的常态,学习者会越来越从成本和收益的角度来考虑高等教育的投资。如果有合适的就业或者创业机会,甚至有合适的游历经历,学习者都可能会中断高等教育的学习。而这其实是在一些高等教育发达国家已经发生的事实。笔者建议我国的高等教育系统要提前对这种变化作出一定的应对策略,给那些由于种种原因中断高等教育的学习者有以后继续接受高等教育的机会,以减少整个社会人力资本投资的浪费。比如高校能够让学习者更为方便地保留学籍、更有弹性地完成学业;再比如整个高等教育系统有机制让暂时中断学习的学习者可以较为方便的转学、学分积累、学分转换，等等。

总之，经过将近二十年的规模扩展，我国的高等教育早已进入了大众化阶段、并向普及化阶段稳步迈进，因此整个社会包括高校学生在内对高等教育的投资将会越来越理性，理性将成为高校学生的常态。这将会带来一系列的深刻变化，包括大学生的辍学率将会增加。为了避免这种教育浪费现象的发生，高校以及整个高等教育系统要为学习者提供更加弹性的学制、大范围而且认可度高的学分积累与转换系统等，而这本身也会极大促进高等教育更加健康地发展。

该文主体内容发表在《中国科学报》(2016-04-28)

收益越高，风险越大

——"冷门"专业也有自己的优势

前几天，中国社会科学院发布了由第三方教育质量评估机构麦可思研究院调查、分析、撰写的《2012 年中国大学生就业报告》，上面明确写道："2011 届本科各专业门类中，毕业半年后月收入最高的是经济学，其月收入为3023 元；其次是工学，2953 元；最低的是教育学，2491 元。"很快就有教育专业的学生拿着这则新闻跟笔者讨论他们未来事业发展的前景（在此之前，就有不少教育专业的毕业班学生向笔者抱怨过"工作难找"）。

对此，笔者想说的是，需要更加全面地看待这一问题，而不能单单被"教育学专业毕业生月收入最低"这一现象吓住。因为在正常的社会、劳动力市场中，"收益越高，风险就越大；风险越小，收益就越小"这一规律还是普遍存在的。由于笔者没有看到《2012 年中国大学生就业报告》的全文，所以不好妄下结论。但是笔者揣测，有可能的是教育学专业毕业生收入的标准差和均值一样，也是在所有专业中处于较低的位置，而标准差体现的就是风险。也就是说，教育学专业的收益不高，与之相应的风险也很低；经济学专业的收益高，很有可能其风险也就更高。

在 20 世纪 90 年代中期以前，我国大学毕业生找工作基本上都是服从国家分配，只是在 20 世纪 90 年代中期以后才慢慢从计划分配走向"毕业生和雇主的双向选择"，从此才逐渐形成了大学毕业生的劳动力市场；所以到目前为止，很少有研究对不同专业的大学毕业生的收入、职业、工作变动进行长期的跟踪分析。但是在英美等老牌发达国家，由于他们有着长期稳定、成熟的劳动力市场，因此有很多研究对不同专业大学毕业生的工作情况进行了长期的跟踪分析。在这些研究中，可以发现教育学专业的毕业生虽然平均收入并不是很高，但是他们的工作非常稳定、失业率低，不太容易受经济周期剧烈波动的影响；而那些热门专业，比如经济、金融、商学、法律等，虽然毕业生的收入均值很高，但是工作却不太稳定，非常容易受经济周期的影响。正是因为了解到英美发达国家不同专业毕业生存在着"收益越高，风险越大"的规律，所以笔者才有底气对"冷门专业"的毕业生说"淡定"。

其实，不但"冷门专业"的毕业生不应该心灰意冷，而且这些专业的老师也应该理直气壮地宣传自己专业的好处，那就是毕业生将来的"低风险"。只是"冷门专业"的老师似乎不太关注这方面的营销，这当然也包括美国顶级高校的"冷门专业"的老师。美国著名经济学家保罗·罗姆（Paul M. Romer）受他儿子申请博士学习项目经历的启发，让自己的一位研究助理去申请全美排名前十的专业，这些专业包括数学、物理、化学、生物、计算机科学、电子工程、商学，还有法律。他们发现大多数的商学和法律专业对申请者的回复包括了往年毕业生收入的信息；而除了商学和法律外，其他专业对申请者的回复没有包含这一信息，即使研究助理再次请求获知以往毕业生收入的信息，也被告知"不能提供"。

相信在招生宣传上，全球都会存在这样的专业差异。那么为什么会出现这样鲜明的专业差异呢？笔者认为其中的一个原因就是"冷门专业"的师生只看到自己"收益低"的劣势，而并没有深刻意识到自己专业"风险小"的优势。因此建议未来"冷门专业"在招生时也应该在宣传营销方面向"热门专业"学习一二，重点突出自己专业的优势，比如"失业率低""风险低""可以做自己感兴趣的事"等，以吸引"情投意合"的青年才俊满怀希望地投入其中。

对于现在正受"找工作"煎熬的"冷门专业"的毕业生而言，更需要冷静，不要被一些看似"负面"的信息所困扰。建议这些"冷门专业"的毕业生在坦然面对巨大就业压力的同时，应该问清楚自己将来想选择什么样的生活方式，一旦能够明确自己最为向往的生活方式，就能逐渐明确自己期望的工作地点、职业与收入等情况。这样就能根据自己明确的就业期望，有的放矢地去找工作，就能避免由于"漫无目的求职"却屡屡被拒带来的挫败感与心烦气躁。既然自己在求学时选定了"冷门专业"，那就不妨认准自己对于

"冷门"的选择与坚持，避开熙熙攘攘的激烈竞争，继续选择"收益虽然小、但是风险也小"的职业。

　　笔者也是一名"冷门专业"的教师，而且就是收入最低的专业"教育学"。笔者也知道自己的收入没法和许多"热门专业"老师的收入相提并论，对其他职业的高收入更是望尘莫及，但是笔者对"教育学"的研究与教学乐在其中。最后用《道德经》的一句话与所有"冷门专业"的师生共勉："天之道，其犹张弓者欤？高者抑之，下者举之，有余者损之，不足者补之。"——"收益越高，风险就越大；风险越小，收益就越小"。

该文主体内容发表在《中国科学报》（2012-12-19）

加强工程教育与工业界的联系，应对"逃离工科"

目前工学是我国高等教育中规模最大的一个学科，而我国的高等工程教育的规模也处在世界第一的位置。除了庞大的规模外，我国高等工程教育的质量也获得了国际的广泛认可，比如我国已经顺利加入了《华盛顿协议》这一世界性的工程教育学位互认协议。然而在我国高等工程教育的发展取得了巨大成就的同时，社会各界人士却对其未来的发展有很大的担忧，那就是高等工程教育对优秀年轻学子的吸引力在下降。更为严重的是，连那些已进入高等工程领域学习的学生毕业后都不愿意去当工程师。有人将这种现象称为"逃离工科"，甚至有人将那些不在工程领域就业的工科毕业生称为"工科逃兵"。

其实，"逃离工科"和"工科逃兵"的现象，在英美等发达国家早已不是什么新鲜事了。早在 20 世纪 20 年代，美国社会各界就惊呼常青藤盟校（常青藤盟校是美国顶尖大学组成的一个大学联盟，包括哈佛大学、耶鲁大学等）的很多毕业生已经不再去工业领域而是纷纷选择涌入华尔街，而且这种现象在美国可谓愈演愈烈。

在英国，这种"逃离工科"的现象可能更为严重。20 世纪 80 年代，牛津大学和剑桥大学的毕业生纷纷去英国金融领域求职与就业，英国金融领域将大多数年轻学子吸引了过去，连金融领域的高管都开始为这种现象担忧了。比如英国罗思柴尔德（Rothschild）财团（罗思柴尔德财团是一个有着悠久历史的国际著名财团）的高级管理人员克劳斯·莫泽爵士（Sir Claus Moser）就深深为英国的金融行业吸引了英国太多的顶级年轻人才而忧虑，他说如果他能够成为英国的独裁者，他将会把从事金融工作的 90% 的人才转移到制造业、工业和教育领域。英国的媒体甚至哀叹众多青年才俊"逃离工科"导致了"金融行业在英国工业的坟墓上跳舞"。

如果我国真的也像英美那样发生如此严重的"逃离工科"现象，那么这会给仍然需要大力发展工业、需要"全面建设新型工业化"的当代中国带来极大的负面冲击。因此，笔者和合作者利用2010年的一项全国调查数据，比较系统地实证分析了我国工科毕业生的就业情况以及背后的影响因素。我们的实证结果显示，我国真的存在"逃离工科"的现象，很多工科毕业生就业后没有成为工程技术人员。

令人欣慰的是，我们的研究发现这种现象并没有愈演愈烈，进入21世纪以来，我国工科毕业生从事工程技术工作的概率显著提高。这是因为中国经济的高速发展带动了一系列工程技术相关行业的强劲发展，比如信息传输、计算机服务和软件业、科学研究、技术服务和地质勘查业、电力、燃气及水的生产和供应业等行业的平均工资高涨，吸引了众多工科学生的加盟。这说明只要工程技术领域有足够的吸引力，就不愁没有年轻学子的加盟。

我们还发现，我国的"逃离工科"的现象，果然和英美极其相似，即金融领域对工科毕业生的吸引力是最大的。笔者认为，目前我国金融领域对工科毕业生的吸引是一种非常正常的现象，毕竟我国目前也是需要大力发展金融业的。因此，我国绝不能通过打压金融行业来提高工程行业对年轻学子的吸引。要想防止大面积"逃离工科"的现象，更为重要的是应该继续大力发展工程技术相关的行业，保证工程技术相关行业能够保持光明的发展前景与高工资，用事业吸引青年才俊的加入，这才是解决这个问题的根本所在。

目前我国仍然处在工业化阶段，而且提出了"全面建设新型工业化"的国家战略规划。因此，笔者坚信我国的工程技术领域在未来相当长的一个时间段内仍会继续保持一个较好的发展态势。在这种情况下，高等工程教育应该努力为年轻学子架好通向工业界的桥梁。同时，高等工程教育需要注意和工程技术领域保持密切的联系，让工科学生能够很好地感受到我国工程技术领域发展的强劲时代脉搏，了解到我国新型工业化的灿烂未来，这样年轻学子就会发自肺腑地为工程技术领域的发展点赞，毕业后就会勇敢自信地加盟到工程技术领域中来。如果有更多的工科毕业生能够在工程技术领域取得辉煌的事业成就，自然就能吸引更多的青年才俊选择高等工程教育的专业进行学习。这样一个"正反馈"就形成了，就能抑制各种各样的"逃离工科"的现象。

　　总之，"逃离工科"的现象在国际上不是一个新鲜事，我国目前也的确在一定程度上存在着"逃离工科"的现象。但我国目前仍然处在工业化阶段，而且需要"全面建设新型工业化"，因此工程技术领域应该会对年轻学子有着强烈的吸引力。在这样的时代背景下，我国的高等工程教育应该更加主动地去和工业界建立广泛的联系与互动，让更多的人意识到我国工程技术领域的伟大未来，用事业吸引年轻学子选择工程教育并能最终投身工业界。

该文主体内容发表在《中国科学报》（2015-03-19）

求职并不仅仅是投简历那么简单

周末硕士研究生考试刚刚落下帷幕，报考规模近年来一直持续增长，国内几大门户网站都对这一事件的相关新闻进行了报道，与此同时，关于研究生求职遇到的困难也成为大家关注的热点。"研究生求职投递40多份简历没offer感觉'万念俱灰'"的新闻吸引了笔者的注意。这则新闻的第一句就写到"暨南大学金融专业研究生周苗（化名）的求职目标是金融行业，从9月开始，她已经投出了40多份简历，参加了几次面试，但还没收到一个好消息"。为此，这个学生有了"万念俱灰"的感觉。其实，新闻中这名毕业生遇到的困难与困惑并不是一个个案，而是目前许许多多为求职而奔波的高校毕业生同样面临的问题。

笔者根据自己平时对高校毕业生就业的研究和实际参与就业咨询的经验，认为这些毕业生可能在以下三个方面存在误区。

其一，认为求职主要就是毕业前的投简历、面试与签约。其实，求职是一个系统的过程，起码包括两个子过程，就业准备与实际的求职，而且这两个子过程并不是割裂的而是连续的。就业准备就是指在实际求职前，通过一系列的学习与社会活动，一方面逐步了解、清晰自己的兴趣、比较优势、所学专业的发展前景、就业目标等；另一方面还不断增加对就业环境的了解，包括自己期望就业的地区、行业与职业的经济周期、工资分布、对员工的素质要求等。有了这两方面的就业准备，最后毕业求职时才能胸有成竹、有的放矢，也不会由于一时的挫折而焦虑不安。这里需要强调的是，就业准备并不是要求学生们一进校就一门心思想着毕业的求职，而是指在日常的学习以及各种丰富多彩的校园活动中有意识地培养自己的职业兴趣、跟踪了解就业市场的动向；如果将就业准备狭义地认为就是前者，这就从一个只到毕业学年才关心自己就业的极端走向了大学几年只关心就业的另外一个极端了，显然这样是对自己青春以及大学资源的极大浪费。

其二，即使在实际求职阶段也不是简单的投简历。因为求职有很多种各式各样的策略，比如根据自己的特点对不同求职渠道进行选择，并不是广泛地撒网投简历，而是对于特定的几个求职单位进行精耕细作的了解与接触。国际、国内很多关于就业的研究都证实了"精耕细作"的求职策略比起漫无目的的"广撒网"更有助于求职者找到工作、找到更为满意的工作。

其三，毕业生不一定要拘泥于找专业对口的工作，因为学历本身就表明了毕业生具有相当的学习能力，毕业生应该相信自己完全可以通过职前以及职后的培训很快掌握和自己专业并不对口的工作所需的知识与技能，并在工作岗位上发挥出色。尤其是在自己专业相关的行业出现经济不景气的情况下，更要学会变通。

当然很有可能，不少高校毕业生早就开始了自己的就业准备，在实际求职过程中也注意到了求职策略，也并没有将自己的求职意向拘泥在"专业对口"上，但是依然在求职过程中"屡战屡败"。对于这样的同学，笔者的建议是多和自己的老师、同学与亲朋好友沟通、交流，这样有助于了解自己需要在哪些方面做出改进，而更为重要的是，不经意的一次交流说不定合适的就业信息就从天而降呢。

最后，希望所有高校在校生能够了解学习期间就业准备的重要性。因为就业准备有助于扩大自己的就业视野，相信能在毕业时减轻就业压力、提高就业质量，并有助于自己未来的事业发展。

该文主体内容发表在《科技日报》（2013-01-25）

不宜大肆宣扬"慢就业"

近日,《光明日报》在刊发文章谈大学生就业问题时,谈到了近几年的一个新的就业现象,那就是所谓的"慢就业",即一部分大学生在毕业后并不着急立即就业,而是选择准备升学、陪伴家人、游历等各种形式的待业。从麦可思研究院对 2010 年至 2014 年大学毕业生的就业时间调查数据来看,近年来,大学毕业生半年后仍未就业的比例持续上涨。当然,这也可能是因为就业难导致越来越多的毕业生努力想找工作,却找不到合适的工作。然而,根据腾讯公司的一项最新调查数据却发现,虽然有 52% 的大学毕业生倾向于找一份稳定工作,但剩下 48% 的却倾向于回避就业。这个数据说明的确有不少的大学毕业生,由于种种原因选择回避就业。

关于"慢就业"的报道出来后,马上引起了争议。虽然有人表示应该对"慢就业"表示宽容,但是更多的人认为提倡"慢就业"并不妥当。当然,这则消息很快就被一年一度的诺贝尔奖名单出炉的新闻给冲淡了。今年的诺贝尔生理学或医学奖被日本学者大隅良典获得,著名学者饶毅就此事作出评论,"中国生物医学总体落后日本二十年以上"。

这两则新闻看似没有联系,但是如果细想,当自己邻国诺贝尔自然科学奖得主层出不穷时(从 2000 年到 2016 年,总共有 17 位日本科学家获得了诺贝尔自然科学奖),我国大学毕业生的"慢就业"现象这几年却有愈演愈烈的趋势,那么,就不能太淡定了。尽管我国经济经过了这么多年的持续高增长,已经成为世界第二大经济体。但是,从人均角度以及国际领先等角度来看,要走的路还很长,所有国人还要继续努力奋斗,不能松懈。更不要说,现在我国一方面正面临着巨大的经济下行压力,经济转型需要强大的智力资源作为支撑；另一方面地区发展不均衡依然明显，贫困地区需要大量高素质人才的注入。所以，继续鼓励大学生就业、创业的主旋律不能变。

的确，我国比起几十年前，各方面都有长足的进步，但是如果觉得这样就可以放松休息，那就显然大错特错了。二战后，有一个法国企业家和美国的艾森豪威尔将军讨论法国在二战时为什么这么快地败给纳粹德国时，法国企业家曾自省道："我们是自己打败了自己，因为我们是企图用每周四个工作日抵抗德国的每周六至七个工作日。"二战后，法国延长了整体的工作时间，到1970年的时候，法国人的工作时间比美国人的工作时间都长。所以法国的竞争力又上去了。当然，现在法国的工作时间又减少了很多，而法国的竞争力也随之下降不少。所以，一个国家的竞争力和工作时间是强烈正相关的。

目前，国际社会虽然不如二战前夕那样险恶，但是国与国的竞争只比那时更激烈。法国只是稍微一放松、一松懈，在二战时就一败涂地。而现在我国的综合竞争力排名还不如法国呢。所以殷鉴不远，岂能大意？我国应该继续努力工作。

可能有人说，很多大学毕业生选择"慢就业"是为了游历与思考，期待"不鸣则已，一鸣惊人"。然而，游历与思考其实应该是在大学生活期间就应该做到的。只要努力加上做好时间规划，大学期间是完全有充足时间进行游历与思考的。而且，大学期间也是最适合游历与思考的，因为身边有海量的图书、意气风发的同学、学识渊博的老师，还有固定的寒暑假和各种社会实践可以去行万里路、去深入社会进行考察。不要忘记了，爱因斯坦可是边工作边思考相对论的，马云同样是一边工作一边寻找创业项目的。所以，不能拿游历与思考作为"慢就业"的借口，因为边工作、边规划并不矛盾。

还有的人认为毕业后，可以选择陪伴父母报答他们的养育之恩而不立即就业。这更是借口了，中国大多数的父母应该都期望自己的子女能够自食其力、有所成就。所以，报答父母养育之恩的最主要途径是努力工作的同时，常回家看看或者多利用现代化通信手段和父母多交流。

目前，我国未富先老。在很多行业、产业的竞争力还落后于世界先进水平若干年的情况下，在很多偏远、贫困地区依然缺乏足够的大学生的情况下，不能以各种借口未富先"懒"。所以,宣扬甚至鼓励大学生"慢就业",这是一种不负责的行为。至于大学毕业生自身,面对就业压力,你们可以选择不去找工作,可以选择当志愿者、创业、开网店、自媒体等,就是千万不能逃避进入实质的工作状态。

该文主体内容发表在《中国科学报》(2016-11-03)

为什么毕业生还是选择蜗居在"北上广"?

近年来，社会舆论高度关注高校毕业生"逃离北上广"，认为由于大都市的生活成本高、竞争激烈，因此高校毕业生不愿意选择在巨大压力下的"蜗居"生活。实际上，高校毕业生到底是扎堆在大都市，还是"逃离北上广"，在很大程度上是一个关于"迁移就业"的问题。

笔者最近基于严谨的数据分析发现，并未出现大规模的高校毕业生"逃离北上广"的现象，相反，高校毕业生依然愿意从全国各地来到北京、上海、广州、深圳等大城市就业。而且其他一些基于全国大样本问卷调查的实证研究也并未证实"逃离北上广"的现象。值得注意的是，这种扎堆"北上广"的现象还有一个非常重要的前提，那就是北京、上海等都属于高等教育发达地区，同时也是对于毕业生落户限制最严格的地区。

无论是北京还是上海，如果没有落户指标等方面的限制，北京和上海将吸引更多的高校毕业生扎堆集结。进一步拿作为经济中心的上海与作为政治中心的北京作比较，前者劳动力市场的竞争程度更高、对于毕业生的户口限制相对更小，因此也就能够吸引相对更多比例的毕业生前往。

那么，为什么这么多的毕业生宁愿忍受房价居高不下、工作与生活压力持续增长等种种令人生厌的因素，继续选择"蜗居"，甘当"蚁族"，前仆后继地扑向"北上广"呢?

主流经济学将迁移和教育一样当作一种重要的人力资本，认为人们之所以选择向发达国家、发达地区迁移是为了获得更高的经济上的回报。然而，那些从全国各地来到"北上广"的高校毕业生，并不一定能得到起薪显著更高的工作，而且在一定程度上扎堆"北上广"还会使得毕业生找到起薪更低、学用不匹配、过度教育的工作。

高校毕业生虽然一方面是面临各方面的高压力，另一方面在经济上也不能得到高回报，但依然对于集结"北上广"乐此不疲。这真是让笔者感到困惑。

主流经济学家还认为除经济因素之外，有很多其他的复杂因素会影响人们做出迁移的决定，比如对未来收入的期望、学习或者职业发展的机会、生活水平、工作条件、社会、人文、教育、消费与环境状况等。笔者对上述可能的因素进行了进一步的分析，发现来到"北上广"就业并不能给毕业生在"工作自由度""未来发展空间""工作兴趣"与"实现个人抱负"上带来显著更高的满意度；但是能够在"与男/女朋友、配偶居住在一起"以及"为了孩子未来的上学"这些方面带来显著的非经济性收益。因为"北上广"（尤其是北京和上海这两所城市）不但拥有数量众多的优质高等教育资源，而且有大量同样优质甚至更为优质的学前教育与基础教育的资源。更为重要的是，在这些城市获得优质高等教育资源的机会明显大于国内的其他地区。

至此，为什么高校毕业生忍受着巨大压力依然扑向"北上广"的答案算是水落石出了。他们聚集来到北京、上海等大都市，并不是因为现有工作在经济上能够带来显著更高的收益，他们也可能并不希求未来能够事业多么的发达；而更多可能是因为在这些大都市，可以享受到别的地方很难享受到的教育、文化、社会网络等资源与机会，尤其是潜在的优质的学前教育与基础教育资源，这就使得他们可能舍弃其他地方更好的发展机会而选择有利于子女将来获得各种优质教育资源的城市。

因此，只要北京、上海这些大都市拥有其他城市所无法替代的教育、文化、社会网络等资源与机会，那么这种"逃离"必定将是个别的与暂时的；而且还将吸引更多那些已经在其他地方获得事业成功的人，为使子女能够有机会读最好的中学与大学而源源不断继续举家迁移进入"北上广"。

众多高素质人才选择聚集在特定的几个大都市，这是许多发达国家在发展过程中出现的一种普遍现象。这种现象也是符合经济学理论的，因为当一个社会处于高速发展阶段时，需要人才聚集来促成社会分工的顺利发展以及保证知识溢出的效应。但如果这种聚集现象长期存在且使得某些地方出现人才浪费或人才紧缺时，那么这种聚集现象将带来一系列的负面影响，比如将打击欠发达地区投资高等教育的积极性，进一步加剧地方教育投资与资源的不均衡等。而且基础教育资源尤其是优质基础教育资源分布的不均衡，本质上是一种不公平的现象。这个不公平的现象间接带来了一系列不利于和谐社会建设的负面问题，比如留守儿童的教育问题。

基于此，如果能够进一步推动学前教育与基础教育的均衡化，将在本质上促使高素质人才不再依附于北京与上海等大都市，将促进高素质人才在全国范围内的分布与流动，减少人才浪费，从而提高我国劳动力市场的竞争程度。而这将会有助于高等教育以及整个教育系统、整个社会系统的区域协调发展，有助于整个国家和谐社会的建设。

该文主体内容发表在《中国科学报》（2012-06-20）

"体制内心态"具有世界普遍性

高校毕业生对国有企业或者政府部门的高度青睐已经不是什么新鲜事，但最近众多硕士毕业生应聘环卫工并且喊出"就算是死，我也要死在编制里"又再次引发了社会对于这一现象的广泛讨论。笔者对此也非常关注，仔细阅读了不同领域的学者对于"死在编制里"的解读与分析，感觉很多都很到位。其中，中国青年政治学院副院长李家华老师指出"体制内心态是一个世界性现象，包括美国、新加坡等地区都有这种情况"，更是引起了笔者强烈的赞同与共鸣。

在 19 世纪末期的西欧各国，进入公务员或者军队系统也是大多数平民家庭的子女期望提高自己社会地位的最便捷的路径。只不过随着西方在全世界开拓殖民地取得巨大成功，西方的平民阶层也能够在遍布全世界的殖民地以低风险获得暴利。这才使得西欧各国的青年才俊不那么热衷当公务员了，因为去殖民地发家致富与在国内当公务员相比，前者提升自己的社会地位更为有效与快捷。

美国建国之初，虽地广人稀，机会遍地，但却充满风险，所以公职人员同样是大家青睐的职业。随着越来越多的移民涌入，随着可占据土地、资源越来越少，美国基层、中层公职人员的吸引力也就越来越大。这是因为当时美国基层、中层公职人员的权力很大，很容易通过各种非正当方式给自己带来高额的经济收益。只不过从 19 世纪末期开始到二战结束期间，美国政府不断对公职人员的权力进行规范与制约，美国基层、中层公职人员的权力越来越小、灰色收入开始明显降低，成为公职人员对美国民众的吸引力才慢慢降低。

　　笔者曾经调查过在华韩国留学生的就业期望，发现他们同样最为青睐的是去大型企业和政府部门工作。韩国语境下的大型企业与中国语境下的大型国有企业有较强的相似性。首先，韩国的大型企业也能够得到政府的大力支持，并且具有相当的垄断性。其次，在韩国大型企业工作，收入都比较高，而且还有一系列看得见与看不见的福利。比如租房、买房都有额外的优惠，甚至去游乐园都有资格买到更优惠的门票。笔者的调查还发现实际上最终能去大型企业和政府部门工作的韩国留学生的比例远远低于期望的比例，这说明有很多期望去大型企业或者政府部门的韩国留学生最终并不能如愿以偿。

　　无论如何，上述各国的案例说明了正是因为"体制内"能够给在其中工作的个体带来金钱或者权力上的各种好处，这就使得倾向于在体制内就业成为一种"世界性的现象"。西方的学者在分析职业的社会等级时，提出职业可以根据其权力、声誉和金钱这三项指标打分，最终形成一个总分。总分越高的职业，对大家的吸引力越高。而那些某项指标得分特别高的职业同样能够强有力地吸引对此项指标有偏好的青年才俊。比如在投资银行工作，可能权力的得分并不高，社会声誉也不太好，但是由于其金钱指标得分很高，所以能够吸引很多想获取高额金钱回报的人。又比如教师或者神职人员，收入并不高，权力也微乎其微，但是具有很高的社会声誉，也能吸引很多人投入其中。再比如职业政治家，权力很大，但收入并不高，社会上对他们也是毁誉参半，风险还很大，但在西方很多已经在高薪岗位上工作的人却会为之辞职。

　　在欧美之所以"体制内心态"慢慢在消减，就是因为附加在"体制内"的权力与金钱在消减。而中韩高校毕业生依然怀有强大的"体制内心态"，是因为附加在"体制内"的权力、金钱甚至声誉依然强盛。

　　党的十八大以来，党中央坚定不移地推动党风廉政建设和反腐败斗争。由此可以预见我国体制内的人事制度改革将得到推进、国有企业的垄断地位将会减弱，那么附加在"体制内身份"上的权力与金钱也将会逐渐减少，"体制内"的吸引力也会降低。另外，随着我国经济社会的进一步发展，民众发现在"体制外"也能找到很好甚至更好的发展机会，那么"死在编制里"也就会逐渐淡出人们的视野。

　　当然，无论是人事制度改革、国企垄断地位的减弱还是经济社会的发展，都将会是一个较为缓慢的过程，因此高校毕业生的"体制内"偏好还将会持续较长的一段时间。在体制内工作依然有明显优势之前，高校对学生的就业引导还是非常重要的。比如，可以让高校学生了解未来我国人事制度改革的方向，让学生了解到"体制内"的优势将逐步降低甚至消失。再比如，高校可以加强和体制外单位各方面的联系，让学生有机会了解那些体制外单位的活力与前景，最终决定去体制外建功立业。当然更为重要的是，高校应该和政府一起加强对毕业生的就业与创业的支持，所谓"扶上马，送一程"，让毕业生在体制外的驰骋有更多的外界帮助，增加在体制外成功的概率。

这些措施虽然只是治标，但是也能在一定程度上缓解社会转型过程中的一些阵痛。

该文主体内容发表在《中国科学报》（2013-01-24）

目前我国博士毕业生就业匹配的情况分析

1978 年，我国招收了"文化大革命"后的第一批共十八名博士生入学。经过三十年的发展，我国的博士生招生规模跨越了百、千和万三个数量级。到 2008 年，中国已经超过美国成为世界上最大的博士学位授予国家。

随着我国博士生教育规模的不断扩大，近年来，博士生的就业问题逐渐引起多方的关注。其实，在英美等高等教育强国，博士毕业生的大规模扩展阶段始于 20 世纪 60 年代，因此博士毕业生的就业问题早早就引起了国际上不同学科领域的学者与跨政府组织的关注与研究。尤其是在 2011 年，国际著名学术期刊《自然》（*Nature*）连续刊发三篇文章直指博士毕业生与学术劳动力市场之间存在严重的供需矛盾，引爆了国际学术界对这一问题的热议。因为博士毕业生的就业具有独特性，很多学者将博士毕业生对应的劳动力市场进行专门分析，称之为学术劳动力市场。

那么，目前我国博士毕业生的就业情况怎么样呢？笔者希望能够从我国博士毕业生就业匹配角度进行一些分析，因为就业不匹配意味着博士毕业生通过博士学习积累的人力资本的损失，而这方面，此前我们所做的研究并不算多。就业匹配可以分为横向匹配和纵向匹配。横向匹配是指所学专业和所做事情是否匹配，即学用匹配；纵向匹配是指所受教育层次和工作所需要的教育层次是否匹配，即是否存在过度教育或者教育不足。笔者将基于一项 2016 年上半年全国范围的博士毕业生就业的问卷调查展开分析。

第一，看博士毕业生学用匹配的情况。总体而言，博士毕业生存在学用不匹配的比率为 9.7%，不到 10%，这说明目前我国博士毕业生虽然存在一定的学用不匹配的状况，但情况并不是很严重。从性别差异来看，女性学用不匹配的比率略高于男性。从地区差异来看，东部出现学用不匹配的比率最高，西部其次，中部最低。从学科差异来看，人文与社会科学学用不匹配的比率最高，达 14%。从专业情况来看，材料科学和化学工程这两个专业出现学用不匹配的比率最高，分别为 24% 和 19%。学用是否匹配与本硕期间就读的学校层次没有明显的对应关系，并非就读学校层次越高，学用不匹配的比率越小或者越大。就工作单位而言，在政府机关工作学用不匹配的比率最高，达到了 26%，即超过了四分之一，而在高校和科研机构工作的学用匹配概率非常高，超过了 95%。

第二，看博士毕业生过度教育的情况。总体而言，有近三分之一的博士毕业生认为自己存在过度教育情况，这个比例对于博士毕业生而言是较高的。因为，如果在学术或者研发岗位，博士毕业生应该是不断探索新的知识领域，应该不会感觉到自己是"大材小用"的。和学用匹配状况一样，女性出现过度教育的比率也是高于男性。从工作单位来看，大型国有企业中出现过度教育的比率最大，高达 72%，这是国有企业本身需要好好反思的地方。从学科分类上看，工程与技术科学类出现过度教育的比率最高，达到 39%；具体专业方面，机械工程、信息与系统科学这两个专业出现过度教育的比率最大，分别占到本专业总人数的 47% 和 45%。

针对上述情况，笔者尝试给出如下建议。

首先，注重针对博士生的求职教育和实习教育。博士毕业生的求职方向逐渐多元，根据数据分析发现前期的实习经历对博士毕业生就业会产生积极影响，因此建议高校应该重视博士生的就业引导工作，为学生提供多种就业服务，与优质企业研究机构或者其他单位建立合作，不仅在实习上予以帮助，同时也提供个性化的就业引导。

其次，博士毕业生自身也应该正确认识就业匹配的问题。根据数据分析发现，随着年龄的增长，博士毕业生的就业匹配情况越来越好。因此，年轻的博士毕业生应该正确认识就业可能存在不匹配的情况，通过自身不断积累工作经验提高就业匹配的概率。

再次，加强对女性博士毕业生就业的关注。早有研究讨论、分析过我国女性博士毕业生的就业问题，研究发现虽然女性博士毕业生最终在就业概率和起薪上并不输于男性博士毕业生，但女性博士毕业生不得不付出更大的求职时间与精力。而我们的研究发现女性博士毕业生在就业的横向匹配和纵向匹配上都处于劣势地位，这进一步证实了女性博士毕业生就业劣势的地位，因此高校有必要针对女性博士毕业生进行专门的就业指导与帮助。

最后，要加强对博士毕业生就业的专门研究。虽然目前在博士毕业生分布中，学用不匹配所占的比率相对较小，但是过度教育率却并不低，而且有些学科与专业的就业不匹配程度还是比较严重的。这说明博士毕业生的就业情况是比较复杂的，尤其是随着学科和专业的不同存在很大的差异，需要结合博士培养模式、培养过程以及整个社会经济产业结构的变化等进行更为精准的分析与研究。

该文主体内容发表在《中国科学报》（2018-12-18）

乐观看待我国的过度教育问题

记者：有哪些方式能较为合理地评估高等教育过度教育的状况？若按学生自我主观评估、按职业标准教育水平、按从业者教育程度众数/平均数统计等测量方法上的不同，其结果是否会产生较大差异？学界目前对中国高等教育过度教育的程度是否存在共识呢？

回答：由于不同理论对于过度教育存在不同的解释，所以很难说"有哪些方式能较为合理地评估高等教育过度教育的状况"，比如人力资本理论认为"过度教育"只是一种暂时的现象，也就是说再怎么评估都只是一种暂时现象。

的确，"若按学生自我主观评估、按职业标准教育水平、按从业者教育程度众数/平均数统计等测量方法上的不同，其结果会产生很大的差异"。这也是能够理解的。因为这些方法的侧重点就很不一样。所以，学界也很难对于中国高等教育过度教育的程度存在共识。比如，我是一个乐观主义者，我认为现在的研究生教育规模远远不够，即使有一定规模的研究生毕业就业难，但是在宏观上我国对研究生的需求显然大于供给。

对于中国的过度教育，我建议不应该着重考虑其程度，而是应该着重考虑如何使得受过本科、研究生教育的毕业生即使去基层就业也能发挥出他们的所学，甚至感觉到所学不够用。

记者：除毕业生学历层次越高、过度教育的发生率和强度越大外，过度教育现象在不同学科专业、职业岗位上有无差异？哪些专业、或岗位更易出现过度教育现象？

回答：毕业生学历层次越高并不意味着过度教育的发生率和强度越大。比如，国家大幅度需要高精尖的专业人才，可能博士毕业生的过度教育发生率就会很低，而相反高中毕业生不能胜任产业升级不得不选择仅仅需要小学水平的工作岗位。

过度教育在专业、职业和岗位上都有差异。一般认为那些专业知识不那么浓的专业容易出现过度教育，比如文学；一般认为越是大公司越容易出现过度教育，因为小公司对员工的监督成本小，而大公司对员工的监督成本高，大公司通过招收教育程度更高的人进而降低监督成本，因为教育程度高的人相对而言会更加自律一些。

记者：对国内毕业生过度教育的原因一项常见解释是，高等教育大规模扩招背景下，高等教育培养与劳动力市场需求脱节，对市场需求反应不敏感。可否更详细地谈谈，这种"脱节""不敏感"在高校学科设置、专业规划、人才培养、就业支持上有哪些比较典型的表现？

回答：高等教育与劳动力市场的脱节在一定程度上并不是坏事，因为高等教育要培养有"后劲"的人，而劳动力市场很多机构（并不是所有机构）希望招聘到的人马上就能用起来，这在一定程度上是天然的矛盾。这是由两个性质不同的组织不同的社会功能决定的。所以，很多高水平大学往往强调自己要宽口径、厚基础，培养学生的目标不是为了马上就业的。当然，我还是建议高校应该加强与劳动力市场的联系，让劳动力市场的相关人员参与到教学过程中来，这将缓解"脱节"现象。

记者：您曾呼吁，在国家创新与竞争力战略背景下，我国研究生规模仍需稳步扩大。而硕士研究生尤其是学术硕士，往往是过度教育程度较高的群体。如何协调"研究生扩招"与"过度教育"之间的冲突？

回答：我上面回答了，我并不认为研究生就必然是过度教育程度高的群体。至于如何协调"研究生扩招"与"过度教育"之间的冲突，我认为还是要在收入机制、晋升机制上促进高素质人才的脱颖而出，这在很大程度上会减少过度教育。

其实，个人认为现在很多中西部的中小学需要大量的研究生，以提高中西部地区基础教育的质量。虽然可能有的研究生毕业生认为自己去中西部地区当中小学老师是一种过度教育，但其实真要教好书，真要做好立德树人，要实现全国基础教育均衡化发展，显然就应该是研究生去当中小学老师。

记者： 与"过度教育"相似，在就业一端，"就业极化"，即高技能岗位比重提升、中等技能岗位比重下降、低技能岗位相对稳定，也是近年来描述劳动力市场结构和趋势的一个关键词。就业极化的背景下，哪些层次、哪些领域的高等教育可能遭遇长期冲击？同时，就业极化与过度教育之间是否存在现象上的关联？

回答： 就业极化和过度教育不是相同的概念，就业极化是发生在劳动力市场这一端，而过度教育是由于教育系统和劳动力市场之间的关系变化，两者并不存在必然的关联。当然现象上的关联可能是存在的。

记者： 本次研究生、高职扩招，大力向公卫、集电等国家战略和社会民生紧缺的领域倾斜，反映出决策层调控高等教育培养结构的意图。但据查询，如公卫、集电等专业，毕业生就业对口率通常低于20%，仍有大量学生流向互联网、金融等热门领域。这是否意味着即使扩招向紧缺岗位倾斜，整体就业难的情况仍有可能加剧？而在以扩招调控"入口"端的同时，如何改善人才培养"出口端"的低对口率挑战？

回答： 我认同"即使扩招向紧缺岗位倾斜，整体的就业难情况仍有可能加剧"。至于如何改善人才培养"出口端"的低对口率挑战，如同上面所说，我建议培养机构加强和就业市场的联系，让学生更多了解就业市场的情况，减少信息不对称，会减少过度教育和学用不匹配率。

这是回答《财新周刊》记者关于过度问题的思考（2020-06-08）

巧用外部性原理促进女大学生就业

今年又是号称"史上大学毕业生就业最难年",因为今年的大学毕业生规模又创历史新高,而且今年我国处于产业转型期、经济存在下行风险,这又给大学毕业生的就业带来了一系列的不确定因素。在这种背景下,处于弱势地位的女大学生就业难的现象就更加凸显。关于女大学生就业难现象背后的原因,社会上有一个共识,那就是因为女大学生找到工作后不久就面临婚姻、生育、抚养小孩等问题,严重影响工作的时间与精力,因此用人单位基于自身的成本最小、收益最大的经营理念,就不愿意招收女大学生了。

著名经济学家、诺贝尔经济学奖得主加里·贝克尔(Gary Becker)就曾专门研究过女性在劳动力市场的劣势地位,并将其归为统计性歧视(statistical discrimination)。贝克尔认为,女性在劳动力市场中受到了统计性歧视,这是雇主的一种理性行为。因为人类既需要承担劳动力市场中的职责,也要承担家庭中的职责。女性在劳动力市场中的禀赋与劳动效率虽不比男性逊色,但男性在家庭中的禀赋与劳动效率却比不过女性。由于人类既要保证劳动力市场的生产,又要保证家庭的和谐、稳定与延续,故而在家庭方面具有更高禀赋和劳动效率的女性为了保证家庭乃至整个社会的和谐与稳定,就要比男性花费更多的时间与精力用于家庭。相应地,女性用于劳动力市场的时间与精力就会减少,因此雇主就对女性采取了统计性歧视。

按照上述逻辑,女大学生之所以比男性更难就业,是因为潜在的雇主担心招聘到的女大学生在未来的工作中不能全身心投入工作中,会给自己的单位带来损失。这在经济学上其实是一个典型的外部性问题。所谓外部性,按照另外一位诺贝尔经济学奖得主约瑟夫·斯蒂格利茨(Joseph Eugene Stiglitz)

的看法，就是"未被市场交易包括在内的额外成本及收益"。对于女大学生就业难现象而言，正是因为女性承担了更多的家庭责任并能够带来广泛的社会效益（比如有利于小孩的健康与教育等），导致了聘用她们的单位将可能为此支付相对更多的成本、获得相对更少的收益。

这种外部性的存在就会给整个就业市场带来一定的偏差。表面的后果是女大学生个体将为此承受巨大的就业压力，而其实更为深层次、更为重要的损失是整个社会的人力资本的巨大浪费。因为女性在劳动力市场上的禀赋与劳动生产率并不比男性低，甚至还高于男性。

美国的女性就是一个明证。2000年全美有三分之一的家庭是妻子比自己的丈夫收入高，而1980年的这一数字仅为五分之一。在美国，妻子的收入高于丈夫的收入，这在受过高等教育的女性中更为明显。在2000年，美国有将近一半的受过高等教育的女性收入比其配偶要高。这背后有两个方面的原因：其一是女性不再被束缚在家庭中，而男性也更多开始承担家庭责任；其二是有更多的女性在高等教育中获得成功，在美国的高等教育系统中，不但女性的数量已经远远超过男性，而且在学业成就上女性的优势也非常明显。

我国有着同样的趋势，即越来越多的女性进入高等教育系统并且获得成功。如果因为她们未来要承担更多的家庭责任而在求职中难以找到适合的工作甚至难以找到工作，以致她们的职业发展缓慢，这将是一种巨大的人力资本的浪费。

为了对这个外部性问题进行纠正，笔者有以下两点建议：

其一，社会和用人单位一起承担女性生育与抚养小孩的成本。女性要生育和抚养小孩，受益的是整个社会，而用人单位却可能要为此承担女性员工工作时间下降的成本，女性员工本人也会遭受一定的成本损失。因此，政府可以制定相关的法规，如果某个用人单位的女性处于怀孕期或者哺乳期或者小孩需要照顾期，用人单位可以享受一定的税收减免，女性员工本人也可以享受一定的所得税减免。这样通过受益方的成本分担，使得用人单位有更大的动力去招收高素质的女大学生。

其二，政府可以用立法的方式强制让男性承担起家庭的义务，尤其是强制父亲具有陪伴孩子成长的义务。这样既可以分担女性在家庭中的重担，而且更为重要的是，父亲的陪伴对于小孩的成长与教育是极其重要的。这样，用人单位在同时面对男性和女性的求职时，就不会对女性产生天然的统计性歧视了，因为男性同样会将一定的时间投入到家庭中去。

总之，女大学生就业难，其实在很大程度上是由于外部性问题导致的，即女性投入了大量时间与精力在家庭上，受益的是整个社会，而付出成本的只有用人单位和女性自身承担。因此政府有责任通过相关税收减免，分担用人单位聘用女性员工的成本，通过强制让男性员工分担家庭责任，让家庭更加和谐、让子女的家庭教育更加完整与美好。这样，用人单位不会对女大学生进行就业歧视，一旦形成正反馈，将移风易俗，有助于整个社会的更好发展。首先，男性承担家庭责任，将使家庭更和谐，子女教育更好，而男性的工作压力也会减轻。其次，女大学生的人力资本将得到充分的应用，将进一步激励整个社会对女性人力资本的投资，进而提高社会总体人力资本。

该文主体内容发表在《中国科学报》（2015-04-02）

通过个体的求职努力抵御宏观的就业难情景

记者：新的一轮校园招聘已经进行了两个多月的时间，在经历了"最难就业季"之后，2014届毕业生就业情况会如何呢？我们希望通过采访高校、企业、学生、专家来看一下2014届大学毕业生的就业形势，让学生有一定的心理准备，同时也为他们求职给予一些指导和建议。

您是研究大学生就业方面的专家，有些问题想请教您一下：

1. 您有没有关注2014届大学生的就业形势？从您了解的情况看，应届毕业生是不是又将度过一个比较艰难的就业季？

2. 从我目前了解的情况看，今年的就业形势仍然不容乐观，情况可能会与上一届比较相似。您是怎么看待这种"最难就业季"的，除经济因素外，您认为还有哪些因素造成了就业困难的现象？（以前您好像没有发表过观点）

3. 我看到您写过大学生就业准备相关的文章。在就业形势比较严峻的情况下，您认为大学生应该如何应对？请给予一些指导和建议。

回答：我今年虽然没有像往年那样密切关注高校毕业生的就业问题，但还是会留意一些相关信息。我对今年毕业生的就业形势持乐观态度，其中最主要的原因就是诸多指标显示中国的宏观经济明显回暖，很多学者和机构调高了明年中国GDP的增长率，这对高校毕业生而言显然是利好的消息。

我个人觉得造成就业难最大的因素还是劳动力市场的多重分割，包括人事制度带来的体制内外的分割、户籍带来的地区的分割等。而随着我国继续深入改革，劳动力市场的多重分割现象会朝好的方向发展。因此，从长期而言，我依然对高校毕业生的就业持积极乐观的态度。

当然无论宏观条件怎么样，落实到毕业生个体而言，求职对于绝大多数毕业生而言都将是一次"动心忍性"的煎熬与洗礼。我给的最中肯的两个建议就是:(1)尽可能地和自己的同学形成团队,共同努力,分享各种求职的信息、心得、失败的沮丧与成功的喜悦,而且孤军奋战压力会大得多,形成团队还能帮助自己分散压力与焦虑。(2)尽可能动用更多的渠道与关系,包括自己的父母、亲戚、老师、朋友、校友等,这往往能够提高自己找到工作、找到好工作的概率。

这是回答《新京报》记者关于就业难问题的思考(2013-11-11)

晋陕豫预备联合打造综合性大学，将促进周围现代化都市圈的发展

近日，山西、陕西、河南三省联合印发《切实加快晋陕豫黄河金三角区域合作工作实施意见》（下称《黄河区域工作实施意见》），称将加强区域高等学校建设，联合港澳台及国内外名校共同打造一所综合性大学。

看到这则消息，笔者第一个联想到的是今年 2 月份国家发改委发布的《关于培育发展现代化都市圈的指导意见》（下称《都市圈指导意见》）。这个指导意见中明确指出目前我国第二阶段的城市化已经开始，而"都市圈化"是第二阶段的重要特点，其核心是发展城市群和都市圈，比如粤港澳大湾区、长三角一体化、京津冀一体化以及中心城市都市圈等。显然，三省发布的《黄河区域工作实施意见》和国家发改委发布的《都市圈指导意见》是一脉相承的。

而《黄河区域工作实施意见》强调三省要共同打造一所综合性大学，是非常符合都市圈的发展逻辑的，而且还可能会引领未来国内合作办学的潮流。

首先，大学能够给地区发展提供强大的智力支持。众所周知，高等学校经常能够成为地区经济发展的引擎。有研究经过测算发现，大学对地区经济发展的辐射半径能够达到 100 千米左右。比如美国的斯坦福大学直接促成了"硅谷"的崛起，也带动了斯坦福大学周围地区的科技与人文、社会与经济的蓬勃发展。而距离美国马萨诸塞州波士顿市约 16 千米的 128 公路沿线两侧聚集了许多高科技的机构和公司，成为世界知名的高科技中心，其背后是因为有麻省理工学院（MIT）和哈佛大学的巨大智力支持。

其次，大学能够聚拢人气、减少人口流失。目前很多城市都面临着人口

流失的严峻考验。比如东北小城鹤岗市由于老龄化、少子化、青壮年劳动力外流等多重问题带来常住人口减少，导致楼市跌成了"白菜价"还无人问津。对此，很多专家认为这将在不久的将来成为很多城市的常态。这也就不难理解近几年很多城市纷纷出台政策进行"抢人"大战。而《黄河区域工作实施意见》能够提出打造一所综合性大学，可见其具有相当的战略眼光，一方面大学为聚拢人气、吸引人才提供了地理的"硬"环境，另一方面提供了文化的"软"环境。

最后，此前国内的区域联合办学多发生在基础教育或职业教育的范围，而除了异地办学、中外合作办学外，由国内的多个区域联合共同打造的综合性大学并不多见。此次三省计划联合打造综合性大学，可能会引发后续一连串的区域合作办大学的风潮。今年2月，中共中央、国务院印发《粤港澳大湾区发展规划纲要》后，在3月的全国"两会"期间，就有代表委员建议以粤港澳高校联盟为基础，构建大湾区高校联合办学新机制。预计未来，会有更多的都市圈出台多区域联合举办综合性大学的规划。

可见，山西、陕西、河南三省关于共同打造一所综合性大学是非常符合未来我国区域发展战略方向的。然而，要办好一所大学并不容易。梅贻琦先生曾说过，"所谓大学者，非谓有大楼之谓也，有大师之谓也"。对于高水平大学而言，大师尤为重要。所以，建议这三省应该抱着"兵马未动，粮草先行"的态度在全世界范围内寻找高水平的师资。一方面，乘着目前美国孤立主义的重新抬头，加大力度吸引被美国排斥的科技人才，另一方面创新师资聘用、培养机制，在境内外其他高水平大学的帮助下，尽快构建好一支水平较高、较为稳定的师资队伍。

总之，希望山西、陕西、河南三省加强区域高等学校建设，努力打造一所综合性大学，使其可以成为它们共同培育发展现代化都市圈、提高地区竞争力的一个重要抓手。而为了办好这所综合性大学，目前最关键的是提前谋划，构建好高水平的师资队伍。

该文主体内容发表在《新京报》（2019-05-09）

"技工院校学校进入高等教育序列"值得称赞

笔者对于"广东此次将技工院校纳入高等教育序列"这则消息是高度认同并且积极看好的。广东的经济总量已经连续三十二年排名全国第一，但其高等教育的发展和其经济情况的发展极其不匹配，这在很大程度上会限制广东社会经济的长期韧性发展。

当然，高等教育的发展是一项长期工程，需要多方发力，包括从外引援和对内培育。因此，广东此次将技工院校纳入高等教育序列，是整个广东大力发展高等教育的一个很好的举措。这也和广东省需要发展高等职业教育、高等工程教育以促进产业发展转型相匹配。

笔者对此进一步的建议是注重办学质量，注重办学要和周边的产业相融合。

这是回答《南方周末》记者关于技工院校学校进入高等教育序列问题的思考（2021-02-28）

民族复兴大任，教育勇于担责

中美贸易战引起了国内外舆论的巨大关注。在美国一连串的霸凌言论与行径中，国人纷纷回忆起抗美援朝精神、"两弹一星"精神，激励自己勇敢回击美国的霸权主义。将时光拨回中华人民共和国成立之际，中国人民独立自主、文明向上的风采让联邦德国第一任总理阿登纳大为赞叹。他曾在多个场合作出预言——中国将会超越苏联成为和美国比肩的强国。他的理由和逻辑非常简单。首先，中国有着悠久的历史文化传统，这会激励中国人在逆境中奋发图强，而且绝不会甘当其他强国的附庸。其次，中华人民共和国成立后，政权稳定，人民信仰坚定。这将有助于经济社会各方面的发展。再次，中国人多力量大，而且人口素质不断提高，如此庞大的高素质人群会创造出让全世界震惊的辉煌。最后，中国建立起了独立自主的核力量，将能够保证中国的和平发展。

彼时阿登纳对处于西方重重封锁下的中华人民共和国的预测，对于今天的国人而言依然具有宝贵的借鉴价值，即我们只要继续在上述四个方面保持蓬勃向上的发展态势，那么不管是贸易战还是科技封锁与制裁，都挡不住中华民族伟大复兴的坚定步伐。而要在上述四个方面保持蓬勃向上的发展态势，中国的教育系统责任重大。首先，教育系统应该培养出高度认同中国历史与文化以及中华民族伟大复兴这一光荣使命的接班人；其次，教育系统应该培养出"中国特色社会主义事业的建设者和接班人"；再次，教育系统应该培养出为社会主义现代化建设服务的吃苦耐劳的高素质人才；最后，教育系统应该培养出一大批"我愿以身许国""勇攀科技高峰"的科学家。

教育系统要承担起上述四项重大责任。在基础教育阶段，要大力加强中国历史文化、爱国主义的教育与熏陶，要全面实现数、理、化、生等基本科学素养的普及与浸润；在高等教育阶段，要"坚持把立德树人作为中心环节"，"坚持用价值观引领知识教育"。中美贸易争端以及美国对中国各方面的霸凌打压，给现在的大学生上了一堂生动的爱国主义课，让广大的青年学生意识到国家间的竞争仍然激烈，"落后就会挨打"依然是一种国际现实。广大高校有必要抓住这一契机，大力开展丰富的高校思想政治教育，促进高等教育的"全程育人、全方位育人"。对此，可以从学生和教师两个角度进行推动。

其一，充分利用好学生集体建设这个高校思想政治教育的重要抓手。学生集体是目前我国高校实施教育教学活动的基本单位，学生集体内部的风气将潜移默化地影响学生的学习、生活、心理乃至方方面面，并对高校人才培养质量、对高校学生社会主义核心价值观的养成产生影响。相关研究表明，学生集体建设能够帮助学生价值观和道德标准的构建。因此，在高校的学生集体建设中，要让大学生自觉树立起坚持为人民谋福利、为民族谋复兴的志向，这将激励我国新时代的大学生向"我愿以身许国"的"两弹一星"元勋学习，坚定青春报国之志。

其二，让每一位高校教师牢记"为国家培养人才"的职责。有些高校教师曾经可能还会觉得"把思想政治工作贯穿教育教学全过程"和自己关系不大。而随着中美贸易争端的各种"卡脖子"事件，让越来越多的高校教师领悟了"科学是无国界的，但是科学家是有国界的"这一真谛，知道了人才培养必须回答好"培养什么人、怎样培养人、为谁培养人"这一根本问题。高校应该有针对性地对教师进行引导，让教师在未来的教学过程中，自觉"把思想政治工作贯穿教育教学全过程"。

总之，曾经在中华民族最危险的时候，千千万万个普通的中华儿女挺身而出："中国不会亡，因为有我。"今天，在面临美国霸凌欺压的时候，依然有千千万万个普通的中国人自信而坚定地身体力行："中华民族一定会实现伟大复兴，因为有我。"教育工作者更要不忘初心、牢记使命——民族复兴，教育有责。

该文主体内容发表在《中国教育报》（2019-05-29）

第二篇

02

| 世界一流大学建设的成本与效率 |

提升质量成为我国世界一流大学建设的增长引擎

建设若干所世界一流大学和一批高水平大学，是增强我国文化软实力和国际影响力，将我国建设成为人才强国和创新型国家的重大战略举措。早在20世纪末，我国就投入巨大的资金与资源开启了世界一流大学的建设，比如"211工程"和"985工程"，这两个工程都是集中资源建设一批世界一流大学的重要举措。其中，"211工程"是"为了面向21世纪，迎接世界新技术革命的挑战，中国政府集中中央、地方各方面的力量，重点建设100所左右的高等学校和一批重点学科、专业使其达到世界一流大学的水平的建设工程"；而"985工程"的总体思路是"集中资源，突出重点，体现特色，发挥优势，坚持跨越式发展，走有中国特色的建设世界一流大学之路"。从20世纪末到现在的二十多年时间里，在多个相关建设工程的推动下，我国在世界一流大学建设中取得了巨大的成绩。但由于优势的资源集中在数量有限的大学，因此关于"211工程"和"985工程"等建设世界一流大学的举措争议一直不断，直至2014年，"211工程"和"985工程"关于资源与经费的投放有了新的变化。

那么这种"集中资源""扶强扶优"的世界一流大学建设策略是否符合成本—效率的准则？这些获得重点资金建设的大学之所以取得较大的成绩是不是仅仅是钱堆出来的？如果别的高校能够获得同样的资金支持是否也能取得同样甚至更好的成绩？上述几个问题，关心我国高等教育发展的行政管理人员、学者、学生、社会民众都想知道确切的答案。因此，非常有必要对上述问题给予认真的分析以及清晰的解答。

在自然科学基金面上项目"对世界一流大学建设的成本—效率分析"的

支持下，笔者带着学生用近十年的数据进行了我国世界一流大学建设的成本与效率分析，发现就总体而言，获得了"985工程"和"211工程"支持的高校，不仅在教学、科研等方面取得了更多的成绩，而且办学效率也的确更高。也就是说，目前我国的"集中资源""扶强扶优"的世界一流大学建设的策略不但有了丰富的成果，而且在投入成本方面也是具有较高效率的。

笔者通过研究还发现，在考虑质量因素之前，我国的高水平研究型大学的整体办学效率处于一个从"办学有效率"走向"办学无效率"的边缘，更为严重的是在一些方面已经出现了办学的无效率，比如由于学生规模的持续扩大，教学已经出现了规模不经济的情况。这表明，经过十多年规模扩展，我国高水平研究型大学的规模（无论是教学规模还是科研规模）已经达到了一个相当的程度。当规模发展到了一定水平后，如果仍然只注重规模的发展（规模总有一个边界），在不改变其他情况的条件下突破了这个规模边界，大学的办学效率将发生方向上的反转，从有效率变为无效率。

幸运的是，在引入科研质量后，这些高水平研究型大学的办学效率得到了明显提升，不但整体的办学效率从办学无效率的边缘一下子提升了22%，而且教学从无效率的规模不经济一下子提升到有效率的规模经济。也就是说，质量为我国高水平研究型大学的办学效率提供了一个强力的增长点。

目前，我国整个经济产业都在进行升级转型，从注重人口红利（人口规模带来的效益）到更加注重人口的质量（人才红利），这是因为人口红利已经走到了一个极限，必须寻找新的增长引擎。与此相类似，我国的世界一流大学建设也要遵循同样的逻辑。在经过多年的规模发展后，未来我国的世界一流大学建设应放弃在此之前的规模扩展战略（包括学生规模与科研经费规模），而是将精力放在提升科研质量上来；从规模的扩大逐步转向质量的提升，以进一步挖掘质量提升带来的成本降低、效率提高的潜力，以更有效率的方式促进我国更多大学早日成为真正意义上的世界一流大学。

欣慰的是，"2011计划"——我国最新的一项体现国家建设世界一流大学意志的重大战略举措，确定了"以创新质量和贡献为导向的评价机制、建立持续创新的科研组织模式……通过任务牵引和中心建设推动转变高校创新发展方式，促进高等教育质量的提高，支撑我国经济社会又好又快发展"的发展路线。这说明我国政府已经充分意识到在世界一流大学建设中质量的提升有助于办学效率的提升，并且有针对性地加强了相应的引导。

而我国的顶尖大学也开始了这方面的综合改革。比如，清华大学目前在推行人事制度改革，在笔者看来就是给每位教师都设立了一个很高的质量标准。也就是，无论是教学、科研还是社会服务都应该以最高标准来要求；如果是追求学术那么必须是世界一流的学术，如果是追求为社会服务，那么必须是"围绕国家急需的战略性问题和涉及国计民生的重大公益性问题"。通过在各个领域追求"高精尖"，激发每位教师、每个环节的潜力，进而保证整个大学在未来一个较长的时间段内一直保持高标准、高效率。

总之，目前我国的世界一流大学建设应该继续坚持"集中资源""扶强扶优"，并且尽快从以规模带动发展转型到以质量带动发展的路径上来，只有这样我国的世界一流大学建设才能获得新的发展引擎。

该文主体内容发表在《中国科学报》（2015-06-11）

让中国特色和世界一流相互促进

2016 年 6 月底，教育部、国务院学位委员会和国家语委联合发布了《关于宣布失效一批规范性文件的通知》。其实，这样宣布一批失效文件的通知经常发。但是这次却引起了社会广泛的重视与讨论。这是因为这批失效的文件包括《关于继续实施"985 工程"建设项目的意见》《关于补充高等教育"211 工程"三期建设规划的通知》《关于实施"重点特色学科项目"的意见》《关于继续实施"优秀学科创新平台"建设的意见》等文件。因此，许多媒体都将这批文件失效解读为"废除 985、211 工程"，认为这是我国建设世界一流大学进程中的一个重大变化举措。媒体在这批文件失效新闻的基础上，对 2015 年 11 月份国务院颁布的《统筹推进世界一流大学和一流学科建设总体方案》，即俗称的"双一流"方案（世界一流大学和一流学科建设）进行了进一步的分析。

很多媒体对于《统筹推进世界一流大学和一流学科建设总体方案》（以下简称《方案》）的分析都聚焦在"世界一流"上，却忽视了这份文件中的另外一个分量很重的关键字——"中国特色"。只要经过简单统计，就可以发现"中国特色"在这份《方案》中出现了十次，而且《方案》的第一部分"总体要求"就开门见山指出其指导思想是"坚持以中国特色、世界一流为核心"。需要注意的是，《方案》中的"中国特色"，除了指建设世界一流大学和一流学科过程中需要坚持党的领导、坚持社会主义等意识形态的范畴外，还有一个重要的含义就是建设世界一流大学和一流学科的同时要注意有针对性地"围绕国家急需的战略性问题和涉及国计民生的重大公益性问题"开展各项工作。

关于大学的功能，历来在哲学层面就有不同的观点。一个观点认为大学就应该以"高深学问"为唯一追求目标，另一个观点认为大学应该"为国家服务"。前者被称为"高等教育的认识论"，后者被称为"高等教育的政治论"。极端来讲，追求"世界一流"是基于认识论的逻辑，而强调"中国特色"是基于政治论的逻辑。尽管有不少学者和高等教育的实践者认为这两种哲学观点存在一定的对立，但是同样有不少学者和高等教育实践者认为两者丝毫不冲突。比如美国总统威尔逊，他曾经担任过普林斯顿大学的校长。在普林斯顿大学150周年校庆时，作为校长的威尔逊做主题演讲认为普林斯顿大学应该是"为国家服务的大学"，他的这一理念受到了普林斯顿大学师生的热烈拥护而不是反对，随后"普林斯顿——为国家服务"就成了普林斯顿大学的校训。而众所周知的是，普林斯顿大学一直是研究高深学问的重镇，出了几十位诺贝尔奖得主。爱因斯坦、冯诺依曼、纳什、图灵、加里·贝克尔等一系列不同学科的学术大师都在普林斯顿大学学习或者工作过。著名的中国籍或者华人科学家华罗庚、陈省身、李政道、杨振宁、姜伯驹等都曾在这里工作过。可见"为国家服务"并没有妨碍普林斯顿大学成为世界上学术最顶尖的大学之一。

所以，我们现在建设世界一流大学与一流学科，千万要注意不能偏废"中国特色"，在追求"世界一流"的同时不能忘记"为国家服务"，要做到"中国特色"和"世界一流"的"双肩挑"。笔者经过实证分析发现，我国的高水平大学其实在追求"世界一流"和"围绕国家急需的战略性问题和涉及国计民生的重大公益性问题"开展的科研工作不但不存在矛盾与冲突，相反两者还能实现成本互补、达到相互促进。清华大学在实现"中国特色"与"世界一流""双肩挑"这方面就有非常成功的经验。比如，清华大学积极开展对超高压、特高压、智能电网等方面的研究，一方面是为了基于中国幅员辽阔的国情，出于降低能源损耗、促进环保等方面的国家战略的考量，另外一方面相关的研究也已经走在世界的前列，成了世界一流。

当然，本文并不是说让大学里面的每一位科研人员既要追求"世界一流"又要满足"中国特色"，而是说高校要注重相关人员与团队的调配，实现两者的有机融合和相互促进，尤其不能以"中国特色"和"世界一流"中任何一方为理由而荒废另外一方。

该文主体内容发表在《科技日报》（2016-07-08）

科研发展需要高水平国际学术发表的指挥棒

近年来，我国的高等教育与学术科研取得了巨大的进步，这体现在诸多方面。比如在一系列的大学排名、学科排名、学术论文排名中，中国的机构、学者与研究出现的频次越来越多，相应的名次也越来越好，比如进入基本科学指标数据库（ESI）前1%的学科领域数量越来越多、属于中国学者的高引论文越来越多，等等。

然而，在这些显现指标取得巨大进步的同时，批评也多了起来。批评包括但并不限于以下几个方面：其一，在科学引文索引（SCI）、社会科学引文索引（SSCI）的期刊上发表这么多论文，包括高引论文，真的表明我们国家的科研水平提高了吗？其二，国家花费了巨大的资金，结果就是在SCI，SSCI的国际期刊上发表了几篇文章，是不是浪费国家资源？其三，看重SCI，SSCI的国际发表，催生了利益产业链，使得大量宝贵的经费落入了国外出版集团或者附属的产业机构里。其四，看重SCI，SSCI的国际发表，使得学者们将高水平的论文都不投给国内的期刊，这样我们自己国家的学术期刊没有发展机会。其五，看重论文发表或者论文被引，会引发一系列的学术短视行为甚至学术不端行为，等等。

笔者对上述批评都表示赞同，但笔者仍然坚决支持我们国家高等教育发展和科研发展需要继续重视高水平的国际学术发表，依然需要高水平的国际学术发表这一指挥棒。这里的高水平当然是指包括被高水平学术数据库索引、期刊影响因子高、他引高等作为表征的。

在阐述理由前，笔者想介绍一个经济学的理论——信号理论，这是一个关于信息经济学的理论。这个理论认为整个人类社会存在着信息不对称。假定在就业市场上，有两个人 A 和 B，A 的能力强，B 的能力弱。这里的能力是泛指，包括勤奋程度、抗压能力、守时观念等。A 和 B 对自己的能力都是了解的，但是两个人面对雇主都会宣称自己能力高，雇主就很难知道 A 和 B 的能力到底谁强谁弱，这就是信息不对称。信息不对称的存在，会导致很多的问题。比如，雇主不知道 A 和 B 到底哪个能力强，就不敢贸然做出雇佣的决定，只能是随机雇佣一个人，然后给出一个低工资。这样的话，高能力的 A 就不乐意了，他就可能不出来工作，或者不好好工作。而低能力的 B 因为其能力低，干不好工作，就导致在就业市场上，雇主一直不敢给出高工资。高能力的人会选择退出就业市场，这样就业市场上就充斥着低能力的人。

信号理论认为，为了避免这种信息不对称带来的危害，有必要出现某种信号机制来纠正信息不对称。信号理论认为教育就是这样的一种机制。这是因为能力越强的人越容易在考试中取得好的分数，越容易完成升学与毕业。因此，能力强的人会自动选择更高的教育程度，以向外界发送自己能力高的信号。信号理论认为即使教育没有别的任何作用，但是教育能够很好区分出高能力的人和低能力的人，能够解决就业市场中的信息不对称，那么教育就是不可或缺的。

同理，笔者想说的是，即使高水平的国际发表没有任何作用，但是只要是高能力的学者获得高水平国际发表的难度低于低能力的学者获得高水平国际发表的难度，那么高水平的国际发表就会成为一个能够有效区分高能力和低能力的学者的有效信号，那么就应该发挥高水平国际发表的指挥棒作用，让高水平的学者能够摆脱信息不对称中的劣势而脱颖而出。

这是因为，千里马常有，而伯乐不常有。学者是一个极端信息不对称的职业，连同行评议都是屡屡出错。如果不能很好区分高能力学者和低能力学者，高等教育和科研界将会出现高能力学者心灰意冷，降低自己学术投入的情况。虽然一些看似无用的国际论文发表会耗费更多学者甚至是一些潜在大师的时间与精力，然而这是整个高等教育和科研界必须付出的信息成本；况且，高水平的国际发表还能激励更多学者去努力、去追求卓越、去和国际学者进行交流与对话。

所以，中国要提高自己的软实力，要推进世界一流大学建设，要提高中国的高等教育和科研水平，依然要坚定地以高水平的国际发表为引导。在这个过程中，一定会产生一系列的这样或那样的问题。这都是发展过程中必须承担的成本，但追求世界一流、追求卓越的方向一定不能轻易改变。

该文主体内容发表在《科技日报》（2016-01-08）

什么因素影响了大学教师的学术发表?

众所周知，现代大学具有三项基本职能，分别是人才培养（教学）、学术研究（科研）和社会服务。随着全球高等教育的竞争，随着各种大学排名、学科排名深刻地影响着大学各项职能的履行与发展，在既定的资源（包括时间、人员与资金等）约束下，大学以及教师不得不在不同社会职能之间寻求平衡；因此，社会上关于大学教师在这三项基本职能的多重压力下面临取舍的困境多有报道与讨论。尤其是教学与科研之间的冲突更是经常成为头条，吸引了高等教育利益相关方的高度关注。有些观点认为科研是比较好计量的，可以通过发表论文的篇数、级别、引用、课题的级别与经费等显性指标来判断，而教学却是一个投入巨大但可能无法通过显性指标很好体现出来的；很多大学教师因为受职称评聘的指挥棒指挥，轻教学、重科研。还有些观点认为，受社会服务所能带来的巨大经济利益的诱惑，很多教师并不将心思放在教学和科研上，而是醉心于在社会上"走穴"，通过咨询、培训等赚取外快。

然而，如果了解高等教育发展史的人应该都知道，教学、科研与社会服务本来是存在着强烈的相互促进关系的，尤其是教学与科研之间存在着"教学相长"的关系。那么，现阶段我国高等学校的教师在承担教学、科研与社会服务不同职能时，这三者到底是相互促进还是相互争夺时间与精力呢？通过一项全国范围内高校教师的调查数据，我们从教师个人基本情况、教学情况、社会服务、科研投入以及院校组织管理等多个层面对我国大学教师学术发表的影响因素进行了较为全面系统的实证分析。实证结果既有意料之中的，也有意料之外的。

先说说意料之外的发现。是否有配偶和小孩、生活与工作上的压力、职称、科研经费是否充足、工作的考核要求、绩效工资等竟然都不会显著影响到大学教师的学术发表。这可以从正反两个角度进行解读。正面解读是，这说明大学教师是一个非常自觉的群体，外界的压力（包括生活压力、工作压力、科研经费是否充足等）并不能改变教师的学术本色。负面解读是，这说明大学教师背负着巨大的学术发表压力，在生活与工作的重重压力之下，大学教师都不敢有半点松懈，而依然全力以赴拼学术发表。无论哪种解读，都说明大学和高等教育的管理者要给大学教师更多的学术自由，让大学教师能够自主进行学术探索。

意料之中的也是非常遗憾的是，实证结果并没有显示教学情况、社会服务、科研投入的相互促进关系，相反却证实了媒体中经常报道的三者之间的紧张、矛盾的状况。

首先，社会服务各因素对大学教师的学术发表呈现出截然不同的影响效应。经常参加外部评审、政府咨询、学术兼职、公益宣传、媒体活动、科普活动、公益活动等以及有社会兼职工作能够显著增加一般水平学术发表，却不能显著影响到高水平的学术发表。而去基层单位提供社会服务对一般水平的学术发表没有显著作用，却显著拉低了高水平的学术发表。这说明社会服务并不能提高大学教师的高水平学术发表。

其次，"全年教学门数"对高水平的学术发表有着显著的负面效应，即在控制了其他因素后，课程教学数越多，高水平的学术发表数越少。与之对比的是，"有指导研究生资格"对学术发表有显著的促进作用，这意味着研究生能够成为大学教师重要的学术研究助手。

虽然教学、科研与社会服务之间关系的实证发现与社会常识非常吻合。但是，问题来了，高等教育的一个基本逻辑——教学相长哪里去了？如何破解目前教学和科研之间存在的矛盾？又如何才能实现课程教学和学术研究之间的相互促进呢？

笔者建议可以把目光放在"有指导研究生资格"对学术发表有显著的促进作用上，这说明导师带学生，是有助于提升学术发表的。那么能不能让课堂教学也能够实现导师带研究生那样的功效呢？笔者尝试提出如下方面的建议。其一，在大学中鼓励小班教学。因为课堂学生规模越小，和学生的互动交流越深入，教师自身在科研方面的收获也就越大，还能刺激教师和学生一起合作撰写学术论文。其二，鼓励大学生做研究，比如在本科生中大规模推广研究训练项目，本科学生参加研究训练项目可以获得学分，而教师也能够因为指导本科生研究训练获得课程教学工作量的一些减免。其三，对于那些在大班教学中成绩突出的青年教师，给予教学任务量减免的奖励措施，这样有些教师就既可以集中精力于某一两门基础课的教学，又有相应的时间与精力去从事科研。

如果上述三项建议得以实施，那么一方面教师可以利用小班教学和本科生研究训练项目实现教学相长；另一方面，因为那些大班教学效果好的教师又能获得课程教学量的减免，也就相对有更多的时间从事科研了。这样，不但目前大学教师在教学和科研上的对立矛盾有助于缓解，而且教学和科研之间的相互促进能够得到更好的体现。

该文主体内容发表在《中国科学报》（2017-04-11）

科研效率评估应避免"一把尺子量所有"

近日，U. S. News 公布了 2022 全球大学排名，这意味着 2021 年全球四大高校排名的结果全部揭晓。

U. S. News 不仅公布了大学排名，还公布了分学科排名。在工科排名中，清华大学拔得头筹，麻省理工学院位居第二，这引起了网络上不小的关注与讨论。虽然有所争议，但若在今年以及近几年的全球四大高校排名中观察中国高校的身影，就可以明显看到中国高校的相对位置在不断向前，这也从侧面说明我们的"双一流"建设取得了成绩。

和"双一流"建设同步进行的是，为扭转不合理的科研评价体系，2018 年 10 月，科技部、教育部等五部门联合发布了《关于开展清理"唯论文、唯职称、唯学历、唯奖项"专项行动的通知》，即"破四唯"；随后的 2018 年 11 月，教育部办公厅发布《关于开展清理"唯论文、唯帽子、唯职称、唯学历、唯奖项"专项行动的通知》，即"破五唯"。然而，"不唯"不等于"不要"，无论是"破四唯"还是"破五唯"，其本质是相同的，即希望有关部门能够克服以单一维度和指标开展评价带来的问题，从而营造良好且有利于创新的学术生态环境。

虽然"破五唯"不易，但是依然需要不断探索"双一流"建设成效的评价方法与体系，使得我国"双一流"建设成效评价机制不断发展与完善。

对此，笔者团队对"双一流"建设高校 2008 年以来的科研效率变化进行了实证研究，以判断"破五唯"的变化态势，并对自然科学和人文社科的科研效率进行了差异分析，从中得到了如下发现。

首先，就整体而言，自然科学的科研效率要明显优于人文社科的科研效率，可能是因为投入—产出的分析框架更适用于自然科学的科研。

其次，从历史趋势来看，自然科学的科研效率在 2012 年后整体呈下降趋势，但在 2015 年后有所回升，这说明"双一流"政策的实施有助于高校提升其自然科学的科研效率。人文社科的科研效率与自然科学的科研效率呈现较为一致的变化趋势，并同样在 2015 年"双一流"政策实施后有所上升。这在一定程度上说明，"双一流"建设同时提高了自然科学和人文社科的科研效率，而且这是在"破五唯"的背景下发生的。

再次，对于人文社科类学科而言，以"研究人员"作为投入指标是决定科研效率最为关键的要素，而另外一项投入指标——经费对于人文社科的科研效率影响则相对较小，上述格局并没有因为"双一流"政策的实施，以及"破五唯"行动的展开而发生明显变化。

在多项投入和产出指标中，科研项目和论文发表，是与自然科学的科研效率关联度最大的两项产出指标，这表明自然科学的科研效率与科研产出的关联度相对更大，但与科研投入相关指标（无论是人员还是经费）的关联度相对更小，这与人文学科形成了鲜明对比。

最后，尽管自然科学和人文社科存在上述区别，但是在同一所大学里，自然科学与人文社科的科研效率并不存在显著差异。两者的区别主要由大学决定，以理工类学科为主的大学人文社科的科研效率要显著高于以文理类学科为主的大学。这说明理工类大学的科研管理能够让自然科学和人文社科的科研行为趋同化。这对于人文社科的科研是好是坏，就是仁者见仁、智者见智的事情了。

上述发现说明，人文社科和自然学科的科研效率存在一定相似性的同时，两者的差异性更加明显。这或许说明用投入—产出方法计算得到的人文社科的科研效率可能存在较大的失真，因为我们发现以理工类为主的大学人文社科的科研效率居然显著高于以文理类为主的大学，这显然是难以让人信服的。

如果"使用投入—产出方法计算得到的人文社科的科研效率可能存在失真"这一猜测得到了更多实证支持，则我国高等教育的科研评价和科研管理都需要重新分类进行，即要根据各自学科的特点重新进行评价与管理，避免"一把尺子量所有"的"一刀切"式的评价与绩效管理，避免堕入绩效主义的陷阱，或者被各种评估与排名牵着鼻子走。

　　尤其要根据评价对象的不同，充分考虑学科特点及差异，选择具有适切性的评价方法与评价指标，开展分类评价。目前一方面是"破五唯"，另一方面是各种评估、排名依然如火如荼。高等教育的研究者和管理者需要认真思考并逐步探索，破除"旧五唯"后的相关科研评价与科研管理，避免新构建的评价体系沦为"新五唯"。

该文主体内容发表在《中国科学报》（2021-11-09）

高校评估不妨着眼院系

随着我国高等教育系统的规模、层次、类型与学科的不断扩展，高等教育的多样化越来越明显，与高等教育利益相关的人群日益扩大，对高等教育的各种各样的评估也就不断涌现以应对社会需求与挑战，包括大学排名、教学评估、科技评估、学科评估等。外界对高等教育的评估越来越多，高校面对外界的压力就必然会增加，为了消减越来越大的外界压力，高校可以采取的手段之一是向院系传递压力。因此，可以预计的是未来我国高校内部的院系评估会越来越多。

院系是高等教育的教学、科研与社会服务的基础单位与基层单位，是真正决定教学、科研和社会服务质量与水平的当事人，没有一流的院系，就没有一流的大学，因此为了我国整个高等教育系统的质量提升、我国世界一流大学的建设以及我国高等教育强国的建设，非常有必要广泛开展院系评估。

相对于对学科、大学的评估而言，对院系的评估比较小众。主要原因在于，尽管存在争议，但是对学科、大学的评估还是有不少得到公认的可比指标，比如科研经费、科研发表、杰出校友比例等；但是对于同一大学的不同院系却很难用统一的标准进行评估。比如，对于科研经费、学术发表等，显然很难直接对比文科院系与工科院系。甚至同属工科领域，不同学科的情况，也无法做到直接横向比较。

虽然进行院系评估存在一定困难，但是世界上还是有不少大学有过进行院系评估的经历，比如美国一些以教学为主的文理学院就非常强调定期对自己不同院系进行教学方面的评估，以保证教育资源在不同院系之间得到最有效的应用，并且使得学校的发展目标得以坚持。美国还有一些综合型大学重视对自己院系的全方位评估，比如加州大学伯克利分校、田纳西大学。在此，笔者准备以田纳西大学为例进行介绍，这是因为田纳西大学的院系评估非常全面，评估方法非常多样，值得国内大学的借鉴。

田纳西大学对自己院系的评估主要包括五个方面，分别是项目成果（Program outcomes）；课程（curriculum）；教育与学习环境（teaching and learning environ-ment）；教师（faculty）；支持体系（support）。

其中项目成果主要是评估在快速变革、多元、互动的社会中被评估院系的学生是否具有系统化、批判性的思维，是否能够理解多元文化并建设性地参与团队合作。评估方法是抽样调查，即抽取学生，对被抽取到的学生进行标准化的测试。项目成果的评估结果同时可用于将来院系课程设置的调整。

对课程的评估既包括对主修专业（major）的评估也包括对辅修（minor）专业的评估，评估方法主要是邀请外部专家（External reviewers）根据院系现有的师资给出课程各方面的改进建议。

对教育与学习环境的评估包括如下方面，教学实践和丰富的机会（In-structional practices and enrichment opportunity）、多样性议题（Diversity issues）、指导（Advising）、学生评价和教师教学（Student evaluation and faculty teach-ing）、图书馆馆藏（Library holdings）。其中教学实践和丰富的机会又包含很多方面，比如教师给学生的课程中加入研究课题的内容，这样不仅能够避免教师教学与科研的割裂，还能够促进教学相长。再比如，设立学生研究奖（student research awards）这一奖项，也是希望促进学生在学习过程中的学术探索。当然，除了重视学生研究外，田纳西大学在做教育与学习环境的评估时，还注重为学生提供非学术岗位实习的机会、为学生提供就业与志愿者活动情景等，希望通过评估促使院系为教师和学生提供一个更加系统与全面的环境。

对教师的评估也包括很多方面，其中非常重要的一个环节就是要求每位教师都提交一份评估报告，然后根据每份评估报告给教师的绩效进行等级评定。有四个等级，分别是超出评级预期（Exceeds expectations for rank）、达到预期（meets expectations for rank）、需要改进（needs improvement）和不满足评级要求（unsatisfactory for rank）。更为关键的是，那些得到"超出评级预期"评估结果的教师可以获得更高的工资和更多的科研经费。田纳西大学希望以此激励教师提高自己的绩效，并且吸引优秀教师加盟。

可见，田纳西大学的院系评估采用的是内部评价和外部评价相结合的模式，注重对效果与效率，教学、课程、培养与科研、学生与教师等全面系统的评估。尤其是在院系评估中，田纳西大学强调质量保障与激励相结合，注重对资源利用效率的评价，强调在课程与教学中融入教师的学术研究，以促成教学相长。这样不仅避免了不同院系之间一些指标不可比的问题，而且起到了非常好的引导作用。这些经验都非常值得我们的大学借鉴。

总之，随着外部对高等教育的评估越来越多，为了应对与化解这种来自社会各界的压力，大学会将这种压力传递给基层院系，那么大学对院系的评估也必然会越来越多。因此，国内一些高水平大学的相关部门（比如规划处）不妨开始进行院系评估方面的研究与实践，同时与学校的战略规划结合起来，这可能达到事半功倍的效果，并且有助于我国"双一流"的建设。

该文主体内容发表在《中国科学报》（2017-08-01）

做好院系评估推进"双一流"建设

2015年8月，中央全面深化改革领导小组会议审议通过了《统筹推进世界一流大学和一流学科建设总体方案》。2017年9月，教育部、财政部、国家发展改革委联合发布《关于公布世界一流大学和一流学科建设高校及建设学科名单的通知》，正式确认公布世界一流大学和一流学科建设高校及建设学科名单。2017年10月18日，习近平总书记在十九大报告中指出，要加快一流大学和一流学科建设。

可见，在未来较长的一段时期内，我国高等教育建设的一个主要方向就是"双一流"建设。如何保证"双一流"建设方案能够平稳有效实施，评价和评估是关键。《统筹推进世界一流大学和一流学科建设总体方案》明确指出：积极引入专门机构对学校的学科、专业、课程等水平和质量进行评估。建立健全绩效评价机制，积极采用第三方评价，提高科学性和公信度。在相对稳定支持的基础上，根据相关评估评价结果、资金使用管理等情况，动态调整支持力度，增强建设的有效性。突出建设实效，构建完善中国特色的世界一流大学和一流学科评价体系，充分激发高校内生动力和发展活力，引导高等学校不断提升办学水平。

在这样的背景下，非常有必要对"双一流"建设中出现的评价和评估问题进行深入研究。目前国内有不少学者对一流大学和一流学科的评估与评价展开了研究与讨论。然而对高校的院系进行评估的研究却并不多。因此，非常有必要加强院系评估的研究。

所谓院系评估，顾名思义，是由高校自身主导的，由高等学校对其校内各从事教学、科研的学院、系所或者研究中心的评估。进行院系评估时，高校务必一直牢记必须和自己的战略发展规划密切相关或者说必须在自己战略发展规划下指导院系评估。

所以，高校第一步要做的是将院系分为两种类型。一种是正在战略发展期的院系，一种是进入了发展平稳期的院系。对于正处在战略发展期的院系，因为学校的期望是中长期的战略发展目标，所以不宜以短期的投入产出指标对其进行评价，而是抱着"让子弹飞一会儿"的态度让这些院系有更多的自由去开拓进取。对于发展平稳期的院系，高校就要秉持这样一种管理理念，即资源一直是稀缺的、必须将稀缺的资源用于具有良好投入产出效率的院系，并在此基础上进行制度的、定期的、严格的、全面的投入产出效率评估。

接下来，本文大致描述一下针对发展平稳期的院系进行院系投入产出效率评估的大致流程。

首先，确定评估周期。评估的周期不宜过短，否则院系容易怨声载道，评估结果也容易受外界因素的干扰导致评估结果并不准确，更为重要的是这样会人为助长短期行为，而这对于"双一流"建设是极其不利的。

其次，确定学校对院系资源投入的指标。因为是高校给自己的院系进行评估，所以投入只需要考虑学校对院系的各种直接与间接的资源，院系从学校外部获得资源（包括经费、杰出人才的引进等）都应该算院系的产出。具体而言，高校对院系有如下四项投入：

（1）各种直接与间接的经费投入。包括根据学生和教师人头或者比例的定额拨款，比如教学经费、自主科研的项目经费等；资助院系发展的专项经费；减免或者返还院系上交的经费；放权院系进行培训的收入（为什么需要将这部分经费作为学校的经费投入呢？因为，如果学校统筹培训，那么院系就没有这部分收入，而且这部分收入本身是利用高校声誉获得的，培训又不是"双一流"的核心业务）。

（2）场地。所有用地面积都是学校的投入，包括办公室、资料室、会议室、实验室等。

（3）学生。本科生可以不算学校的投入，但是研究生作为科研的主力军之一，应该算作是学校对院系的投入。

（4）有事业编制的教师人数。

再次，确定院系的成果产出指标。那些能够给学校、国家和人类带来知识、声誉与影响力增加的都应该算是产出。建议高校在确定院系的产出指标时，可以借鉴国际、国内重要的大学排行、学科评估的各项指标以及自己学校的特色以及战略规划后，确定好产出指标，并且在过程中要充分和院系进行沟通。

最后，挑选合适的评价工具对院系的投入产出进行评估。需要注意的是，目前已经有了很多不同的评价方法与工具，不同的方法与工具有不同的侧重。具体采用哪些方法及其工具，这同样需要学校和院系进行充分沟通以达成共识。

总之，目前我国要"以一流为目标、以学科为基础、以绩效为杠杆、以改革为动力"加快世界一流大学和一流学科建设，这必然会导致越来越多的高等教育的利益相关方会开始关注大学院系层次的评估。高校要根据自身的战略规划与特点，明确院系评估关注的方向，建立评估制度，构建"双一流"院系评估的投入与产出的评估指标，然后选择符合评估目标的方法和工具。最后，高校基于院系评估的结果，制定相应的激励措施，最终促进"双一流"的建设。

该文主体内容发表在《中国科学报》（2018-04-03）

让子弹继续飞——对英国科研评估 "钻空子" 的分析

近期笔者带着学生较为系统地对英国的科研评估体系进行了研究，发现英国科研评估中的很多故事与细节非常值得我们高等教育的利益相关方知晓。随着高等教育机构和人员越来越多，英国在 20 世纪 80 年代意识到要加强对高等教育机构的科学研究的评估。因此，1986 年，英国官方开始了对高等教育科研进行全面的评估，并将评估结果和科研拨款直接挂钩。按照英国官方的宣称，科研评估有助于提升英国的整体科研水平与效率，还有助于激励不同高校或学科之间科研的协同创新。不管是不是科研评估的作用，总之我们可以看到英国的一些科研指标的表现的确吸人眼球，比如在全球范围内的高引用论文的数量与比例都有明显增长，这在越来越激烈的国际科研竞争背景下是难能可贵的。

但是和中国的学科评估一样，英国的科研评估依然一直饱受各方面的批评，尽管英国的科研评估体系历史更加悠久，而且一直处于持续的变革中。2006 年，面对外界对科研评估越来越尖锐的批评，英国官方想对原有的评估体系做一个比较彻底的改进，并在 2013 年推出了新的科研评估方案——卓越研究框架（Research Excellence Framework，REF）。从 2006 年英国官方决定要改革科研评估方案到 2014 年年底 REF 的评估结果出来甚至一直到现在，外界对 REF 的争议就持续不断。真是可谓有评估的地方，就有争议。

本着科学的精神，我们收集了一些英国国内对新的科研评估体系进行批评的观点，并且通过实际的评估结果对这些批评进行检验，得到了不少有意思的发现。其中以下这一则，我们认为对我们国家的学科评估特别有借鉴意义。

可以想象，评估是有规则的，所以就必然会有人或者机构想方设法钻规则的"空子"，因此英国也担心有人会利用评估的规则来"钻空子"。比如英国经济事务学会（Institute of Economic Affairs）的谢克尔顿（Shackleton）教授和布斯（Booth）教授，就认为新的科研评估办法让一些大学存在着"钻空子"的空间———些高等教育机构会通过只提交科研业绩良好的科研人员而避免提交科研业绩差劲的科研人员的方式，来提升质量评级（GPA），以此在REF科研评估中取得良好的排名，从而获得更多的科研经费支持；而且高排名的营销价值可能比获得官方的科研经费拨款更有价值，因为这会让外界包括潜在的学习者对机构的真正研究实力产生错觉，从而被诱导去选择这些高排名的机构。

谢克尔顿和布斯为此专门撰文揭发这种"钻空子"的行为，并将其称为"钻空子游戏"（gaming），他们以卡迪夫（Cardiff）大学为例进行了分析。与2008年的评估相比，2014年的数据显示卡迪夫大学提交的科研人员评估数大幅度减少（从1038减少到738），从而在质量评级方面从2008年的第22名一跃成为2014年的第6名。谢克尔顿和布斯还认为在别的一些大学中，这种"钻空子游戏"甚至进行到可谓荒谬的地步，有的超过百名科研人员的机构甚至只提交十人左右的评估材料。谢克尔顿和布斯担心这种"钻空子游戏"会越来越普遍，而这背后的始作俑者就是新的科研评估方案——REF。因此，谢克尔顿和布斯用斩钉截铁的标题"废止卓越研究框架"（Abolishing the Research Excellence Framework）表达自己鲜明的反对态度。

那么英国官方对于上述这种"钻空子游戏"又是如何应对的呢？英国官方实际上也发现了这种"钻空子游戏"，因此在质量评级的基础上，将参评科研人员数量等因素考虑进去，给出了相对来说更加科学的"研究能力（Research Power）"。我们可以从"质量评级"和"研究能力"两个排名看到彼此之间还是差异明显的。在"质量评级"的排名中那些参评学科较少、参评科研人员较少的高等教育机构排名较高，而在"研究能力"的排名中，传统的综合型、研究型名校依然是明显占优的。

其实在我国的学科评估中也有类似的"钻空子"行为，那就是高校在材料提交和参评学科上做文章，以保证自己机构的排名尽可能靠前。对于这种情况，我们的建议是可以和英国的科研评估一样，在后期根据参评高校的参评学科、参评科研人员等对前期的评估得分进行一个重新计算。这样一个后期的调整有助于减少一些由于申报策略带来的扭曲。

可见，有规则，就一定有规则的"空子"可钻，这也是为什么从 1986 年到现在，三十多年过去了，英国的科研评估一直在争议声中不断前行。反过来看，连老牌的高等教育强国——英国的高等教育中最好评估的——科研评估都有这么大的"空子"可钻、都有要"废止"这样大的争议，那么中国目前的学科评估争议大就更可想而知了。虽然有学者对英国新的科研评估体系提出了引诱人作弊、钻空子的指控，但是最终的结果显示传统的好的大学的评估结果依然很好。这也告诉我们要以更加平和和理性的态度对待我国的科研评估，各利益相关方不妨抱着让子弹飞的态度，继续积极建言献策，帮助评估方去查缺补漏，让我国的学科评估在发展中不断改进与完善。

该文主体内容发表在《中国科学报》（2017-05-09）

邀请多方参与，谨慎推动科研评估制度的完善

2016 年 4 月 22 日，教育部学位与研究生教育发展中心发出"全国第四轮学科评估邀请函"，全国第四轮学科评估正式启动。这一次的学科评估和第三次学科评估相比，有了一系列的变化，其中希望引入 A 类期刊可谓"一石激起千层浪"，引发了巨大的争议，导致这个刚刚出台的变化还没有得到实质性的应用就被叫停了。

其实，哪里有评估，哪里就有争议。比如于 1986 年开始的英国官方的高等教育科研评估，尽管已经有了三十多年的历史，却也一直在争议中进行着。对英国科研评估的争议大到最终连名字都改变了，从一开始的"科研评价体系"（RAE）变成了现在的"卓越研究框架"（REF）。新的"卓越研究框架"在 2006 年就提出来了，并经过七年多的不断研究、讨论与试测后，在 2013 年开始正式替换原有的"科研评价体系"。在"卓越研究框架"替代"科研评价体系"过程中，一些改革做法和目前我国学科评估"A 类期刊"出台又被叫停一样，出现了不同程度的反复。现在，"卓越研究框架"已经正式运作，评估结果也出来了，如果查找相关的新闻评论与学术论文，可以发现依然有很多著名学术机构、学术大师站出来批评"卓越研究框架"的改革措施。比如"上帝粒子"之父、2013 年诺贝尔物理学奖得主彼得·希格斯就炮轰了"卓越研究框架"。

话题回到我们国家自己的"学科评估"。其实，如何更好地评估科研成果的质量，一直是教育部学位与研究生教育发展中心这个评估方异常关注的焦点问题。在第三轮评估时，评估学术论文的质量，主要是看进入某个索引文献数据库的论文及其他引量。而在第四轮评估时，希望引入 A 类期刊，也是

不同学科的很多学科专家共同提出的改进建议之一。遗憾的是，这项改进建议刚一出台还没有实质实施，就被紧急取消，详情可参见 2016 年 5 月 6 日教育部学位与研究生教育发展研究中心发出的《关于全国第四轮学科评估补充事项的函》。上述行为一方面可以说教育部学位与研究生教育发展研究中心是从善如流，另外一方面这么急促的反复也的确让教育部学位与研究生教育发展研究中心略显狼狈。

在这里，我想简单介绍一下英国官方科研评估从"科研评价体系"到"卓越研究框架"转换的两个小插曲，希望有助于我国学科评估或者类似科研评估的发展与完善。

其一，与"科研评价体系"相比，"卓越研究框架"的一大变化是引入文献计量指标。一开始"卓越研究框架"是希望完全将原先的论文同行评议变为纯粹的文献计量，从而减少评估工作，缩减评估机构，节省评估花费，当然也希望减少同行评议带来的争议。2007 年 11 月，英国科研评估的主办方针对这一改革动向进行了第一次咨询会，提出要使用文献计量取代专家评估，并将此作为"卓越研究框架"的主要评估指标。然后，在 2008—2009 年，对文献指标的使用进行了试点试验，并将试点试验的报告对外公布；报告最终认为由于不同学科的代表性不一样，文献计量方法在目前尚未成熟到足以全面推广。根据试点试验结果，2009 年 11 月，主办方又进行了第二次的咨询会，最终确定了在被评估单位提交的代表性学术成果基础上，采取以专家评议为主、文献计量分析为辅的方案。

其二，为了引导高等教育机构在科研过程中注重对经济社会的影响和促进，"卓越研究框架"提出需要对科研的社会影响力进行评估，并提出了"影响"指标体系。2010 年，主办方针对"影响"评估进行了试点试验。经过一系列的研讨与试验，2011 年 3 月，主办方最终决定了对科研的"影响"进行评估，并且确定了如何对科研的"影响"进行评估。考虑到试点试验的结果，主办方在最终的实际实施过程中将"影响"的比重由原先设定的 25% 下调为 20%。

可见，英国官方对高等教育机构的科研评价是一个严谨而持续的过程，主办方在过程中不断对评估进行反思与完善，每一个大改革都是经过多方研讨与试点试验的验证后才最终予以实施的。从 RAE 到 REF，无论是对科研社会"影响"的评估，还是文献计量法的引入，每个大变动都需要经过多次研讨会、咨询会、试点试验以及向公众发布报告、收集意见后修改完善，才最终落实。

因此，我国的相关评估应该向英国的科研评估制度学习，邀请多方参与评估改革，并将整个过程透明化处理，谨慎小心地不断完善评估制度；而且还要建立起评估结果的反馈机制，及时准确地将评估中出现的问题和偏差反馈给评估组织者，以便让评估组织者更好推进评估技术的修正和完善。

该文主体内容发表在《科技日报》（2016-05-13）

在保证学科特色前提下加强对科研成果
"影响"的评价

随着我国高等教育机构的数量与类型都越来越多、多样化越来越明显，对高等教育机构及其科研水平进行评价也就显得越来越重要。它山之石，可以攻玉。因此，非常有必要借鉴高等教育强国的科研评价的经验与教训，提高我国科研评价的水平，更好推动我国科研水平的提高。

英国有着较长的专门对高等教育机构的科研进行评价的历史。1986 年，英国首次实施了科研评价体系（RAE），随后又多次进行了 RAE 评价。2006 年，面对外界对 RAE 越来越尖锐的批评，英国政府决定改革原有的 RAE，建立新的科研评价体系——卓越研究框架（REF），以适应不同利益相关方对高等教育发展提出的新诉求。首次 REF 评价结果在 2014 年底进行了发布。以后 REF 将完全取代 RAE，成为英国高等教育机构科研评价的新系统。

与 RAE 相比，REF 对科研评价一个很大变化在于引进了对科研成果带来的非学术影响的评价。REF 新增"影响"这个对科研进行评价的主要指标，其主要目的是引导高等教育机构加强与非学术界广泛的联系，包括激发学者采用特定策略改变社会政策的动机、促使高等教育机构支持其学者更多参与到社会相关的研究活动中去，其最终目的是促进产学结合，推动经济发展，提高社会福利，完善社会政策。

REF 对"影响"的评价方法为，要求参评单位根据一定的格式与要求，提供个案分析（Case studies）和模板报告（Impact template）。个案研究要求高等教育机构描述其在评价期间，对社会产生影响的具体案例。模板报告则是要求参评单位汇报产生影响的方法、具体的影响、影响的证据以及证明这些影响的方法。研究者和专家会共同对提交材料进行评议。

然而，加入对科研"影响"的评价也因为其评价方法以及其背后可能导致的负面引导作用，而受到了一些学者的质疑。其一，有学者认为对"影响"的评价显然大大增加了被评价的高等教育机构和研究者的负担。例如高等教育机构需要为该评价耗时耗力专门来完成关于"影响"的模板报告和个案分析。其二，有学者指出，对"影响"的界定是难以明确的。更为糟糕的是，评价"影响"的指标的有效性有待商榷，评价者难以可靠地测量这些指标，更难说建立一个统一的标准去评价不同学科不同案例的研究影响。如果被评价单位的科研"影响"实际很大，但提供的模板报告和个案分析不够精彩或者不符合评价者的"口味"，却极有可能得分不高，这样评价的效度就存在问题。其三，还有学者认为把影响纳入对科研的评价中，会加重学术研究中纯粹学术研究与形成社会影响之间的冲突，担心纯粹的理论研究会因此而受到打击、逐渐萎缩。比如英国著名的理论物理学家彼得·希格斯就表示，他对于在现今 REF 科研评价体系下能否实现重大科研突破存疑。他认为在 REF 的指挥棒下，高等教育机构会优先进行短期产生重大影响的学术研究，而那些最具创新意义的研究——打破固有模式、重新定义学术领域的研究将不会被 REF 青睐。

尽管有着上述争议，而且 REF 主动将"影响"的权重下调，由原先设定的 25%下调为实际实施的 20%。但是在笔者看来，随着人类社会的发展，高等教育机构和社会之间的关系、科研与社会经济发展之间的关系，一直在不断加强。因此，"影响"很有必要成为科研评价的新元素，而且权重可能会进一步增大直至维持到一个相当的标准。

对于我国而言，高等教育的建设一直具有强烈的"实用"取向，近年来关于科技的发展、世界一流大学的建设也强调要兼顾"国家急需、世界一流"、要"围绕国家急需的战略性问题和涉及国计民生的重大公益性问题"，习近平总书记也指出"办好中国的世界一流大学，必须有中国特色"。因此，我国的科技评价要起到相应的引导作用，在某些学科要考虑加强科研"影响"的权重，当然对于偏向纯粹的学术研究的学科，可以允许有其学科特点。

该文主体内容发表在《科技日报》（2016-04-01）

建立空间使用调节机制，促进"双一流"建设

梅贻琦说过："所谓大学者，非谓有大楼之谓也，有大师之谓也。"然而，随着现代学科的不断发展和高等教育功能的不断拓展，大学的发展不仅仅受到大师的深刻影响，还越来越多地受到物理空间发展的约束。即随着现代大学与学科的发展，大学的大师和大楼之间的互动关系越来越紧密。

大学的使用空间不足的现象在全世界范围内都具有一定的普遍性。和国内很多高校一样，许多世界顶尖大学也是身处国际大都市，位于寸土寸金的地段，故校园面积不能无限制地扩展。而很多大学对于实验室、图书馆、博物馆等的空间需求却不断扩大，因此学校在物理空间上感受到了巨大的压力。比如，哈佛大学以精英化著称，教师和学生的规模并不是特别大，但也同样面临着大楼不够用的问题，为此哈佛准备建设新的校区，以应对空间和大楼不足的困境。另外，我们调研了身处国际大都市的东京大学，发现东京大学既有分院系的基准面积，也有分院系的实际占有面积。对比这两个指标，我们可以发现除个别像医学这样的特殊院系外，其余大部分院系的实际占有面积都小于基准面积，可见东京大学的大楼肯定是不够用的。拿东京大学和日本另外一所世界顶尖大学——京都大学作进一步比较，我们发现东京大学大多数院系的平均教职员工所占面积都低于京都大学的这一指标。这显然是东京大学所处的城市比京都大学所处的城市人口密度更大导致的结果。

即使是对于一些占地面积很大的高校而言，它们同样面临着大楼不够用的情况，因为并不是有钱有地就能随便建大楼的。比如：斯坦福大学仅占地面积就达到 33.1 平方千米，主要建筑有七百余栋，但即使这样，受各种环保政策和与外部签署的相关协议的约束，斯坦福大学在 2003 年的时候发现自己

在未来十五年内不能新增纯学术的空间。所以，尽管斯坦福大学的学生与教师规模相对而言并不是很大，学校仍然面临着大楼不够用的窘况。

面对空间不够用的压力，很多世界顶尖大学纷纷提出了应对之策。

其一，很多大学都出台了根据职称、职务确定办公室面积标准的文件。也就是说，在一般情况下，大学都会给每一位教师（faculty）提供一个比较平等的办公空间。

其二，国际顶尖大学的空间使用情况存在竞争性。关于如何竞争，不同大学的策略有所不同。有的大学只对实验室进行收费，有的则是全面收费。比如斯坦福大学就对办公空间的使用征收费用，以明确校园空间的使用成本、推进空间利用的合理化进程。牛津大学则将全校所有的空间根据维修和维护费用、环境可持续性措施费用、人工费用、租金、服务费以及安全成本等分成六个不同的等级，等级越高则收费越高。美国很多顶尖大学都对实验室的使用设置了绩效考核指标，比如每单位空间获得的研究资金、研究的质量及重要性、课题是否与学校或者院系规划符合等。

其三，虽然空间使用是存在竞争性的，但是基准面积、收费标准、考核指标与考核标准却因校而异、因专业而异、因人而异。比如，斯坦福大学校方说明：在基准面积的基础上，院系可以和学校讨论空间调整的问题。另外，有些大学要求院系向暂时没有项目资金支持的新进教师提供实验室免费使用的机会，但使用时间及条件会事先达成双方协议。还有些大学则会根据自己的战略布局，对特定院系或特定老师实施空间使用费用的减免，以支持特定院系或者老师的科研工作。

其四，开启空间普查项目。学校为了保证空间使用收费的准确性，必须精确和完善空间使用情况的记录。比如，牛津大学就要求各部门必须定期审查其空间占用的数据。而斯坦福大学从2003年开始就利用iSpace系统收集全校范围内的空间使用数据，并且于2012年出台了针对校园空间普查的办法规定。该规定明确了斯坦福大学每两年进行一次官方的空间清查，以更新数据库，获取关于校园空间变动（新增、翻新、变更用途以及被拆除等）以及校内部门迁址的信息。空间清查要求对校内每个房间进行全面普查，其追踪数据也被广泛用于年度预算、空间规划，节能奖励计划等项目中。

目前我国正在进行"双一流"建设，我们可以预计，在不久的将来，因很多大学的学科建设需要大力发展与重新布局，许多高校会遇到空间拥挤、大楼不够用的压力。因此，国内高校要未雨绸缪，在空间使用上摸索并建立起调节机制。

首先，学校应先从实验室开始进行收费调节的试点。因为办公室面积相对属于"刚需"，所以对办公室的空间使用进行收费相对不宜；而且，即使是美国的一些顶尖大学也没有针对办公室的空间使用进行收费的情况，但是对于实验室的空间使用的收费却是比较普遍的现象。

其次，收费不能一刀切，而是要灵活并且有弹性。空间收费会让很多老师产生不悦，还会给教学和科研带来一定的副作用。所以收费相关政策的出台，必须要做好充分的调研与宣传，提前做好相关预案，避免矛盾的激化。另外，大学也要鼓励院系根据自身的特色、历史发展阶段和战略发展方向，合理利用空间，争取空间使用经费的减免。

最后，有条件的大学要开始进行空间使用情况的普查。只有掌握了空间使用的真实、动态的数据，收费、绩效考核以及空间使用的调节才能有据可依。

总之，在可预见的未来，使用空间不足可能会成为很多大学"双一流"建设的一个瓶颈，建议国内相关高校，在做好充分调研的基础上，尽快建立起符合自身发展的空间使用的调节机制，促进"双一流"建设。

该文主体内容发表在《中国科学报》（2018-08-07）

善用在线教育促进"双一流"建设

随着互联网等信息技术的迅速发展，在线教育在高等教育中的应用越来越广泛，比如"慕课"在全球范围内的风靡等。众所周知，目前在线教育在高等教育中应用的范围很广泛，在本文中，对在线教育并不作精细的区分与辨析，而是将其视为一个极宽泛的概念，包括高校提供的所有针对校内外的在线教育资源，比如对外的"慕课"、对内的"翻转课堂"在线教育资源等。

在线教育在高等教育领域大热的一个根本原因在于，在线教育能够给高校带来一系列的收益。例如在 21 世纪初，美国麻省理工学院（MIT）率先向外界推出了开放的在线课程，并随后对开放在线课程进行了详细的成本收益分析。分析结果显示，开放在线课程的确给麻省理工学院带来了一系列收益，具体包括如下：开放在线课程极大地提高了麻省理工学院的国际声誉和地位，强化了其在改善世界欠发达地区教育方面的国际领导者地位；开放在线课程不仅大大提高了教师的教学与研究工作的效率，而且有助于教师在自身专业领域获得更高的学术声誉；开放在线课程激发了校友的自豪感与对母校的认同感，麻省理工学院约 80% 的校友都知道母校在向世界提供在线课程并深感自豪；很多麻省理工学院的校友也成了开放课件项目的学习者，重新回顾以往自己学习过的课程，甚至学习自己在校期间没有修过的课程；在读学生也从开放课件中获益，在 2004—2005 年，超过 70% 的在校学生使用了开放在线课程的资源，并且这个比例呈现出逐年增长的态势；有超过三分之一的大一新生知道开放在线课件项目，并且认为这一项目对于他们选择加入麻省理工学院产生了很强的正面影响。

考虑到在线教育能够给大学带来一系列的收益，因此我国教育行政部门鼓励我国的大学大力发展在线教育。然而要清醒地认识到，在线教育是需要成本的。比如，虽然开放在线课程给麻省理工学院带来了一系列的收益，然而其付出的成本也不菲，数据显示 MIT 开放在线课程项目的年均成本高达430万美元，这显然是一笔很高昂的费用，不是很多大学都愿意或者能够支付的。即使有的学校为开放教育资源支付的费用不是如此高昂，比如美国犹他州立大学开放在线课程项目的年均成本为12.7万美元，但如果每年都要维持投入成本，对很多大学而言，同样会是一项不小的负担。

对于大学而言，推广在线教育最大的成本是机会成本，即不能将用于在线教育的时间与金钱用于其他教学、科研或者社会服务上。尤其是对于世界一流大学与一流学科而言，一流师资是根本，一流师资的时间是最宝贵的。连率先推出开放在线课程项目的麻省理工学院的很多青年教师都抱怨参与这个项目，导致自己研究时间的减少。由此可见，教师的机会成本永远是世界一流大学与一流学科最大的成本。为此，麻省理工学院在很多方面给教师提供了相应的激励措施，以保证开放在线课程项目的推进。

因此，在一流大学和一流学科持续推广在线教育，一方面要有相应的激励配套措施，当然最重要的是应当像麻省理工学院那样，在线教育的建设必须能够促进大学自身的教学、科研与社会服务，即在线教育必须促进"双一流"建设。否则，在线教育只能成为一流大学和一流学科的鸡肋。

实际上，在线教育能够多点发力，促进"双一流"建设，全面覆盖教学、科研与社会服务。

首先，在线教育的发展要有国际化战略。目前国际化程度是一流大学与一流学科排名的重要指标，应该充分利用目前我国整体国际化的战略布局，利用在线教育招收国际学生、吸引国际学者、开展多种形式的联合办学，这样在线教育就能促进中国高等教育的国际化水平，进而促进我国"双一流"的建设。

其次，通过在线教育促进交叉学科的发展、抢占学术研究的前沿。在线教育过程中会有大量数据的产生，大学要有前瞻意识，以在线教育为抓手，促进学习科学、人工智能、大数据等交叉学科的前沿研究，打造世界一流的学科群。而如果能够把促进学术研究这点牢牢抓住，相信会得到很多教师的强烈拥护的。

最后,通过在线教育进行精准社会服务战略。当前在线教育的受众面已经非常广泛,并且在技术上也可以实现个性化的定制,所以完全可以进一步拓宽思路,利用在线教育中的数据去做精准培训、精准扶贫、精准扩大慈善捐款。

相信只要做好这三点中的任何一点、两点或三点,在线教育一定能够促进我国世界一流大学和一流学科建设,同时反过来让更多的一流大学和一流学科更加热情地投入在线教育中,实现在线教育与"双一流"建设的相互促进、共同发展。

该文主体内容发表在《中国科学报》(2018-01-16)

关注诺贝尔奖有何不可？

　　一年一度的诺贝尔奖得主陆续揭晓，国内很多媒体都对诺贝尔奖得主与成果进行了密集的追踪报道与相关解读。这些追踪报道和解读让我作为一个普通的大学教师感觉收获颇多。与此同时，我也看到了一些别的声音。比如有人对中国人大范围、密集关注诺贝尔奖感到奇怪与好笑。而我对这种言论也是感到莫名惊诧。国人对诺贝尔奖重视，这不正好说明国人对科学技术的重视吗？这个重视尽管可能不是对科学技术本身的兴趣，而是对科学技术能够带来的名与利的重视。但这又何妨呢？脑科学认为，人类的大脑主要依靠四个动力——认知、恐惧、愉悦与控制进行工作。无论是哪种动力——愉悦或者恐惧，既可以是发自内心的，也可以是外界强加的，比如担心"落后就会挨打"或者追求"书中自有黄金屋"。

　　人类历史上，既有发自追求知识本身、对知识本身感兴趣带来的科学与技术的进步，也有不少由于激烈的竞争或者为了给自己、家族带来功名利禄推动科学与技术发展的案例，比如，乙醚的发现和英国政府巨额悬赏解决海上精确测量经度的仪器等。因此，我们虽然应该歌颂淡泊名利、一心追求科技发展的科技工作者，但也不能轻视那些怀着很强的世俗功利心而努力奋斗的科技工作者，更不能由于社会大众关注诺贝尔奖就认为这是功利心作祟。尤其是目前我们国家的科技发展水平在很多方面显然还达不到世界领先与世界一流，非常需要通过多种手段促进我国科技的发展。

　　其实，认为国人热议诺贝尔奖非常奇怪这种言论的逻辑一直就存在。比如在屠呦呦先生获得诺贝尔奖之前，有大量的言论斩钉截铁认为在新中国接受教育的中国科学家无法获得诺贝尔奖，因为中国教育扼杀创新。等屠呦呦先生获得诺贝尔奖之后，又开始追问什么导致了中国科学家得诺贝尔奖的人如此之少，以及认为国民关注诺贝尔奖是功利心在作祟这更会导致中国科学家得不到诺贝尔奖。再比如，大约二十年前，我国提出要建设世界一流大学的战略规划，当时就有言论认为中国的大学不要说去和欧美的世界一流大学相比，能和开罗大学这样的第三世界国家的好大学看齐就很不错了。随着中国大学在很多显性指标上奋起直追，言论又开始说中国大学即使显性指标变得好看了，但在气质上比起世界一流大学就是有着本质的不同。当中国科学家鲜有在国际顶级期刊上发表文章的时候，言论说中国科学家就是水平低；等国际顶级期刊上经常出现中国科技工作者的名字时，言论又变为中国的科技工作者是为发文而发文，并不追求真正的科学与技术……

这样逻辑的言论可能会一直持续下去，直到中国在科技上成为世界第一。其实，这样逻辑的言论变化，正好说明中国的科技在迅速发展，因为外界对中国大学与科技工作者的要求越来越高。蛮好，蛮好！而且，虽然我觉得这种逻辑的言论颇为奇怪，但也欢迎它们能够继续下去，激励在中国接受教育并在中国工作的科技工作者去不断提升自己国家的科技水平。

所以，在我看来，国人热烈关注诺贝尔奖正是一种希望。几百年前，东西方均认为中国山水画的价值远远超过航海图的价值，而西方为了追求黄金和香料，也为了追求中国的山水画使用航海图开启了大航海时代。这在很大程度上导致了中西方科技发展攻守之势的转换。所以，现在国人即使是奔着功利去关注诺贝尔奖，即使中国的科技工作者是因为希望功成名就而努力追求诺贝尔奖，对中国的未来而言，也是巨大的希望。

再说到被污名化的考试、分数、奥数、兴趣班等，即使我本人作为家长，不希望全民关注分数、不希望全民奥数、全民兴趣班，但这些绝对比全民娱乐、全民金融、全民炒房好了许多。所以，希望国内大众媒体能够继续更多、更好地报道和科技、知识相关的新闻，当然包括诺贝尔奖。也希望中国政府、高等教育机构、企业家，能够慷慨出资，多多邀请诺贝尔奖得主来中国工作、讲学，甚至只是参观与游玩。正所谓，"千金买马骨"。这种尊重知识、尊重专家的氛围一定会吸引更多国际上顶尖的学者来到中国。另外，从网络上得知美国的一些诺贝尔奖得主或者做出过诺奖级别成

果的科学家由于科研经费被砍，现在处于赋闲在家的状态，希望中国的相
关机构能够尽快主动抛出橄榄枝，邀请他们来华工作，进一步提高中国的
科技发展水平。

　　　　　　　　　　　该文主体内容发表在《中国科学报》（2017-10-17）

高等教育国际化须注重成本与效率

2013 年，习近平总书记在出访中亚和东南亚国家期间，提出建设"新丝绸之路经济带"和"21 世纪海上丝绸之路"的倡议，这标志着我国正式形成了"一带一路"构想。在"一带一路"建设的推动下，相关国家的学生纷纷来到中国求学，而中国的高校也纷纷推出新的留学生项目专门吸引"一带一路"国家的学生来华留学。其实，早在 2010 年，在《国家教育改革与发展的中长期战略：2010—2020》中就提到通过吸引更多国际学生来中国学习等一系列举措促进我国高等教育的国际化。

笔者对于扩大留学生规模这一举措持非常积极的支持态度，因为这不仅有助于我国高等教育国际化程度的提升，还能提高我国的国际影响力与软实力。然而笔者认为，固然扩大留学生规模是一件具有重大战略意义的好事，却也需要注重其中的成本与效率问题。这是因为扩大留学生的规模虽然能够带来一系列的收益，但也会给中国的高等教育系统带来一系列额外的成本，诸如教学管理成本的提高、外语课程或者双语课程的开发等。如果招收留学生的成本大于收益，那么这个国家战略推动起来将遇到很大的阻碍。如果真是这样的话，那么中国政府和中国的高校就应该修正通过招收留学生促进高等教育国际化的政策，而采取更加具有效率的手段促进中国高等教育的国际化与国际影响力。比如，通过更大规模吸收高水平外国学者来中国讲学可能会是一个在成本上有效的策略。

笔者就我国高水平大学招收留学生的成本—效率问题专门做过实证研究。研究发现，留学生的平均培养成本的确远远高于国内学生的平均培养成本。然而留学生的培养和本科生的培养这两者之间存在着成本互补，而且大学招收更多的留学生能够促进科研产出的增加。也就是说，虽然招收留学生要付出更多的培养成本，但是整体而言，招收更多的留学生对于中国高校是一个符合成本—效率的举措。这说明我国政府以及一些高水平大学希望通过"一带一路"招收更多外国留学生的战略构想是符合经济规律的，具有很好的可行性。然而，笔者还发现，由于目前来我国留学的外国学生大多数是本科学生，甚至是单纯来参加语言培训的学生，而硕士与博士层次的留学生比例不高、规模较小，导致高学历层次的留学生的生均成本更高，而且出现了资源挤占等无效率的现象。

鉴于我国高水平高校招收留学生已经出现了有效率和无效率两种情况并存的现象，笔者建议我国各级政府以及相关院校在具体开启、实施"一带一路"留学生项目时，不宜操之过急，需要注意到其中的成本与效率的问题，有针对性地进行相关辅助性制度设计，以进一步提升招收留学生的收益与效率，通过降低生均成本，避免低效率或者无效率情况的出现，毕竟目前中国的高等教育还有很多同样需要加大投入的地方，包括提高教学质量、师资力量等。具体而言，笔者有如下几项建议。

首先，摸索推进留学生和国内学生事务管理的并轨。众所周知，目前国内高校对留学生的教学、住宿、就业等事务的管理上都不同程度上存在相对独立的成分，这必然会增加额外的相关成本。如果能够实现这些事务管理的并轨，不但会节约管理成本，而且更为重要的是，还能最大化国内学生与留学生的交流与交融。而促进国内学生与留学生的交流与交融是为未来培养更多中国人民的老朋友、提升中国影响力的最重要途径之一。

其次，鼓励留学生更多加入中国高校的科研工作。如上文所说，笔者的研究发现留学生能够提高我国高校的科研效率。这是因为留学生能够带来新的思想，激发教师的研究。笔者自身在教学上就有类似的经验。笔者在进行教学时，发现留学生往往能够给出不同的观点，促进笔者在学术上的思考。然而笔者同样发现，留学生较少能够参与到科研中来。这一方面是因为留学生的住宿相对分散，甚至住在校外，不太容易召集他们参加学术讨论；而另外一方面，也是更为重要的原因是，很多留学生的中文与英文水平都不足以让他们参加日常的学术研讨，也不足以支撑他们深入进行学术工作。所以，为了能让留学生全面参与科研工作，应该继续加强对留学生语言的培训，尤其是加强对他们中文的培训，这也有助于中国文化的传播以及国内学生与留学生的交流与交融。

最后，招收国际留学生不能一窝蜂与拔苗助长。招收更多留学生、开启新的留学生项目，不能降低招生与培养标准，不能滥发文凭，否则可能降低国际声誉、抹黑中国的高等教育。招收更多留学生、开启新的留学生项目，高校自身要有高质量的师资与课程，这样才能招收到高质量的外国留学生，才能培养出高质量的国际人才，才能建立起国际声誉，才能提高中国的影响力。

总之，扩大留学生的规模以提高我国高等教育的国际化，是一件具有重要战略意义的举措。因此，在具体实施过程中，需要有针对性地进行制度设计，以减少其成本、提高其效率，只有这样才能保证这项战略举措具有长远的可行性。

该文主体内容发表在《中国科学报》（2015-05-07）

从学生事务管理角度促进我国高等教育国际化

进入 21 世纪，高等教育国际化的趋势越发强烈。很多国家或者大学希望通过扩大国际学生的规模来促进高等教育的国际化。我国政府对高等教育的国际化也持非常积极的态度。2010 年，我国制定、发布了《国家教育改革与发展的中长期战略：2010—2020》，其中提到通过吸引更多国际学生来中国学习等一系列举措促进我国高等教育的国际化，从而扩大国家的影响力与软实力。

随着我国高等教育国际化的发展，越来越多的外国留学生来到中国学习，体验中国的生活与文化，感受中国的发展与活力。他们对学校的感受将直接影响到他们的教育满意度，而他们对教育的满意度越高就越有可能带来更多的留学生来到中国学习。这也是一些吸引大量留学生的国家（比如英国和澳大利亚等）高度重视留学生的教育满意度的原因所在。可见，对于中国而言，吸引更多留学生来华学习一个很重要的措施就在于保证留学生高的教育满意度。那么留学生对中国高等教育的评价到底如何呢？

近几年来，笔者专门研究了在华留学生中最大的群体——韩国留学生的学习、生活与就业问题，访谈了十多个韩国留学生，了解了他们对中国高等教育的印象和看法。他们中大体对所读高校的教学、师资都具有较高的评价，但是对于学校给他们在实习、就业等方面提供的帮助，满意度不高，甚至可以说有很多的诉求与抱怨。

笔者使用清华大学亚洲研究中心 2011 年一般研究项目"在华韩国学生的就业期望研究"课题组调查所获得的数据进行了分析，发现只有五分之一的韩国留学生在学期间参与了实习，比例相对中国学生而言显然是太低了。经过对问卷所获数据的进一步分析发现，实习对韩国留学生就业的促进作用可以说是全方位的。实习经历不但有助于韩国留学生找到他们最为青睐的工作，还会显著降低他们发生过度教育的概率，甚至还能提高他们在中国（也就是留学所在国家）找到合适工作的概率。估计正是因为实习对他们的就业有着多方面的而且如此大的帮助，但他们却很难从学校得到实习方面的信息与机会，因此他们纷纷表达对中国高校为留学生提供实习服务的不满意。只有3.6%和12.4%的韩国留学生对自己所在高校给留学生提供实习方面的服务表示非常满意和比较满意，而分别有6.9%和14.9%的韩国留学生表达了对学校提供实习方面的服务"不太满意"和"很不满意"，也就是说有五分之一的韩国留学生对中国高校在实习方面给出了"差评"。

其中有韩国留学生在接受笔者访谈时表示，他们迫切希望获得实习机会，也知道自己同班的中国学生能够通过学校获得实习机会，然而这些实习机会却不对他们留学生开放，或者虽然有些实习项目并没有说不让留学生申请，但实际实习的内容却并不适合留学生。对于这种状况，他们感到很沮丧。之所以会出现这种供需矛盾，是因为目前大多数国内高校对于留学生和国内学生的事务管理是双轨制，即对留学生住宿、实习、就业等事务的管理相对独立，因此目前国内高校基本上没有为留学生提供专门的实习与就业等方面的服务。

鉴于这种情况，笔者认为随着我国国力的全方位提升，肯定在不久的将来，会有越来越多的留学生来我国进行学习、毕业后在我国找工作，因此很有必要提高留学生管理的水平、拓宽为留学生服务的范围，比如可以逐渐将留学生的实习、就业等工作纳入常规管理上来。目前已经有一些留学生规模较大的大学已经意识到这项工作的重要性。比如在清华大学就读的留学生有2600余人，每年到清华大学开展招聘活动的单位超过2500家，其中有不少单位拥有海外业务，也多次向清华大学提出希望能够从清华招聘一些留学生，到这些单位的海外部门工作。面对这种新出现的就业需求，清华大学就业指导中心与留学生办公室合作，已经开始探索为留学生提供实习、职业发展教育与求职等一系列的专业服务。

总之，为留学生提供和本国学生相同的服务，应该是高校的职责所在。因此中国高校在高等教育国际化的时代背景下，应该开始主动为留学生提供更多的服务，尤其是和就业、职业发展密切相关的服务，而且这样必将提高留学生的教育满意度，进而吸引更多的外国留学生来中国留学。如果有更多留学生来中国留学、就业，将有助于提升我国高等教育的国际化程度，有助于提高我国高等教育发展的整体水平，进而提高我国的软实力与国际影响力，为国家培养更多的国际友人。

该文主体内容发表在《中国科学报》（2014-12-26）

让在华留学生广交朋友

随着中国经济实力不断增长，一方面，世界对中国的关注度越来越高，越来越多的外国留学生来到中国，希望了解中国，理解全球化背景下中国的变化，使得自己拥有中国元素进而在未来的人生中获得更多的发展机会。另一方面，中国也希望能够让更多的外国留学生来中国留学，向世界展现中国，在全世界范围内培养对华友好人士。正是在这样的时代背景下，清华大学和美国黑石集团联合在清华大学设立了苏世民学者项目，希望采用"课内与课外结合""扁平化、体验式"的学习模式，培养能够"了解中国社会、理解中国文化，有志于为促进世界和平与发展……努力为崛起中的中国与变化中的世界作出重要贡献"的未来领袖。既然是希望"立足中国、面向世界"，显然该项目的招生对象就应该是包括中国学生在内的遍布全球的学生。实际上苏世民学者项目就是采取分区招生制，其中20%的学生来自中国大陆，45%来自美国，35%来自世界其他国家或地区。这样的制度设计，是希望全球的学生能够在一起互相学习、互相交流。

无独有偶，另外一个相类似的项目——在北京大学设立的"燕京学堂计划"也是面向全球招生，其中约三分之一来自国内院校，三分之二来自国际院校，并且所有学生集中住宿。可见这两个举世瞩目的国际交流项目都很在意留学生与中国学生彼此深层次的交流，并在招生、教学、住宿等环节进行了相应的制度设计。其主要动因是一方面希望达到"立足中国、面向世界"的目标，另一方面希望让全世界不同地区与国度的学生能够彼此广交朋友，并最终推动"国家之间、人民之间加强合作"。

这说明各方人士已经开始积极推动在华留学生与中国学生的全方位接触

与交流。笔者认为让留学生和中国学生彼此广交朋友，让他们在课下互相帮助、互相学习，比让留学生在课堂上学习专业知识更为重要。因为让留学生在中国广交朋友，不但有助于从各方面推动这些来华留学生的发展，而且显然有助于中国在不久的将来收获更多"中国人民的老朋友"。然而，目前来华留学生校园里和中国学生交朋友的整体情况却不太让人满意。笔者以在华韩国留学生为例，通过清华大学亚洲研究中心2011年一般研究项目"在华韩国学生的就业期望研究"课题调查所获数据，对这一问题进行了较为深入的研究。

研究发现，整体而言，韩国留学生除了在课堂外，平时和中国学生和老师的交流并不多，这不但妨碍了他们的学习，也制约了他们的就业。"不能从学校、老师、同学那里获取就业信息"成为韩国留学生求职中经常遇到的困难，并且已经严重影响了很多韩国留学生的实际求职。相反，那些和中国学生以及学校的老师交流多、参与校园的各种社团、集体活动越多的韩国留学生，他们的学业成绩表现更加优秀，他们的就业质量也明显更好，包括找到最为满意的工作、找到起薪更高的工作的概率都显著更高。

因此，一方面，对于外国留学生而言，在中国求学，要积极融入校园环境，积极参与各项班级、校园的集体活动，以在校园中广交朋友、建立起尽可能多的社会关系；另一方面，我国高校也要积极促成留学生与国内学生各方面深层次的接触与交流。这显然单纯靠几个明星项目是远远不够的。正如习近平总书记在给苏世民学者项目的贺信中所言："今天的世界是各国共同组成的命运共同体。教育应该顺此大势，通过更加密切的互动交流，促进对人类各种知识和文化的认知。"

目前已经有一些国内高校认识到了让在华留学生广交朋友的重要性，开始了一些试点举措。比如，清华大学已经在实验外国留学生与中国学生混住的项目，得到了留学生和国内学生的热烈响应。而且在一些很有中国特色的集体活动中，也有越来越多留学生的身影，比如在"一二·九革命歌曲演唱"活动中，很多院系的外国留学生也参与其中，组成亲友团、帮助化妆等。

让世界了解中国，让中国人民成为世界人民的好朋友，学校是一个非常重要的窗口。因此要充分利用这个窗口。不要让留学生对中国的了解大多局限在课堂与书本，而是要让留学生了解到身边中国人的友善、自信与活力。

不要让中国文化的宣传局限在正规媒体等正式渠道，而是应该让校园的每一个学生与老师，都成为宣传中国的形象大使。

　　总之，让留学生和国内学生在各种日常活动中展开"更加密切的互动交流"、彼此成为真心朋友，发挥校园中普通师生与活动等种种非正式渠道的作用，这将是一个有助于提高中国高等教育国际化、扩大对中国友善人群的规模、提升中国的软实力等事半功倍的举措。

　　　　　　　　该文主体内容发表在《中国科学报》（2014-11-13）

高等教育国际化诸多问题会随国力增强迎刃而解

记者：在华海外留学生的基本情况包括人数、留学生占在校学生比例、专业分布、留学项目的类型、国籍等。近年来，来华留学生总体状况有了哪些新发展或新变化？来华的平均培养成本是多少？各个学校是否有补助？有的话，补助金额是否有统计？

回答：目前在华海外留学生大概在三十万人左右，但增长势头很迅速，我预计未来很长一段时间在华留学生的规模会持续快速增长，这是整个中国国力增强决定的。

目前来华留学生最大群体应该是亚洲学生，其中韩国留学生应该是规模最大的，泰国、日本、印度尼西亚、越南、印度、哈萨克斯坦和巴基斯坦都应该有不少留学生来中国学习。我自己就指导了韩国、日本和泰国的留学生进行硕士研究生的学习，在我的课堂上还有缅甸、马来西亚和哈萨克斯坦的留学生等。尽管亚洲留学生最多，但是非洲、欧洲、大洋洲来华留学生数增长很快。我同样预计以后来自欧美的留学生会越来越多，比重也会越来越大。这同样是因为中国国力与影响力的增强。

目前来华留学生中拿学位的比例还是相对太低，超过一半的留学生是单纯来参加语言培训的，而且随着学历层次的提高，留学生的比例递减。本科层次的留学生是大头，超过了70%，而博士层次的比例最低，不到10%。这种情况显然也会随着中国高水平大学越来越多、水平越来越高而发生改变，以后留学生的硕士和博士比例肯定会有所增加。

关于留学生的成本，目前我没有看到权威的数据。我用教育部直属高校2009年的数据，通过多产出成本函数，计算了一下不同类型学生的边际成本，发现多培养一个研究生的一年成本是 8.15 万元，多培养一个本科生的一年成本是 0.45 万元，而多培养一个留学生的边际成本是 22.94 万元。当然有学者认为这很不精确。但是，我认为留学生的成本高于国内学生成本的这个论断应该是成立的。关于留学生培养成本的具体情况还需要更加深入的分析。

关于留学生补助的事情，我也不是很了解。但我知道国家有针对外国留学生的不同的奖学金项目，这显然会吸引海外留学生来中国学习。我相信随着中国国力的增加、更多的中国大学成为世界一流大学，无论是各级政府还是大学都会拿出更多的资金吸引世界各地高水平的学生来华留学。但现在不宜操之过急，毕竟目前中国的高等教育还有更多更急需花钱的地方，包括提高教学质量、师资力量等。

记者： 我国政府和高校在吸引国际留学生来华留学与引进国际师资方面近年来有哪些制度创新与做法，实施了哪些重点项目，目前成果如何？在招收发达国家尤其是发达国家的名校毕业生来华就学方面，有没有针对性举措？

回答： 对于我国政府和高校在吸引国际留学生和国际师资方面有哪些制度创新与做法，我不是很了解。但，我知道无论是政府还是高校肯定是加大了对国际师资的引进，而且还是有一定成效的。我在清华大学当老师，我的小孩刚刚上清华附小。我前两年在幼儿园接小孩以及现在在小学接小孩，经常能够看见明显是白人父母也来接小孩。我参加清华大学的教职工活动，也能看到白人同事的身影。我新进入清华的时候，有两个年轻的白人老师和我一起接受各种新教师的培训与活动。他们和我一样，是通过正常程序进来清华任教的，也就是说不享受任何优惠条件进入清华的。

在招收发达国家尤其是发达国家的名校毕业生来华就学方面，我觉得首先是咱们的大学自身能力得硬，也就是做好自身的能力建设。咱们自身能力提高了，自然会有世界名师过来，世界名师过来了，优秀生源不愁不来。至于目前的策略，还是以引进世界名师为主。

所以，我本人坚决支持清华大学的人事制度改革。通过人事制度改革，提高整个教师的科研水平，将一些科研水平达不到世界一流的教师分流、转岗，进而有更多的资源一方面促成有潜力的老师成长为世界一流的师资，另一方面从世界各地吸引世界一流的师资。师资水平提高了，高质量的留学生不怕不来。

记者：留学生与外国师资的加入对我国高校的建设有何助益？我国高校在多大程度上、在哪些方面需要招收国际留学生以及引进海外优秀教师？从对我国经济转型升级、增强经济发展创新驱动力以及综合国力提升上看，吸引国际留学生与师资能起到哪些作用？在哪些领域、行业作用能比较明显？

回答：留学生的加入能够提高我国的科研效率，这是我从实证研究得到的实证发现。因为留学生能够带来新的思想，激发教师的研究，我自身在教学上就有相似的经验。我给学生教学，留学生往往能够给出不同的观点，促进我在学术上的思考。

关于外国师资的益处，我目前没有做过相应的实证研究，所以不敢随便下结论。但，我认为肯定还是会大大有助于提高我国高校的教学水平和科研水平，尤其是在那些和文化、国家经济社会发展水平相关度很小的学科方面，比如数、理、化、生物、医学、经济学等。

记者：我国高校在招收留学生与聘请海外教师方面，是否面临着现行政策方面的制约？我国的相关政策应当如何调整？同时，在这方面，目前是否有一些"乱象"，比如招的学生和老师名不符实、为了完成相应国际化指标而降低招生标准等？

回答：我对于相关政策了解不多，不敢随便发言。对于乱象，我觉得没有必要担忧，更没有必要因噎废食。的确会存在一些为了拼指标而降低招生标准的情况。但是，只要留学生的规模上去了，自然就会"水涨船高"，学校方面自然会提高招生标准。之所以会降低招生标准，是因为可选的留学生基数不够大。我有亲身的经验。我一直参与清华大学教育研究院的留学生招生工作，前几年我基本上完全同意所有留学生的申请。而近几年，我已经多次建议院里招生小组拒绝多个留学生的申请。而且招生小组的老师意见还是比较一致的，能够知道哪些学生水平高，哪些学生水平不行。

记者：来华留学生与海外教师在国内的学习工作满意度如何？在华学习工作如何改变他们对中国的态度？是否能改变国外对华的刻板影响让他们更

加亲华?

回答：本人专门调查过在华韩国留学生的教育满意度，发现他们对于和学习有关的满意度还是挺高的。但是他们对于中国的大学给他们提供的实习、就业服务的满意度却很低。这是因为国内高校基本不对留学生提供就业与实习服务，这显然是国内高校应该改进的。我相信各方面教育满意度的提升肯定能够提高留学生的亲华水平，能够更好地培养未来中国人民的老朋友。

另外，高校还需要有意识加大留学生与国内学生的交流，让留学生在国内广交朋友，通过各种非正式渠道，去培养中国人民的老朋友。本人对韩国留学生的交流也发现其实他们迫切希望在中国广交朋友。

记者：其他您认为重要和有启发意义的观点。

回答：对于吸引国际留学生不要太着急。现在我们有很大的起色了。只要我们的国力增强、大学的水平提升，高质量的留学生自然而然就会来华留学的。而显然现在高水平留学生的比例不高是目前国力以及我国高等教育水平的正常反映。

我曾经在报纸撰文说过，咱们现在不要急切追求诺贝尔的自然科学奖，不要因为现在我们国家没有诺贝尔的自然科学奖而妄自菲薄，要知道美国学者开始屡屡斩获诺贝尔的自然科学奖，也是在美国成为经济总量世界第一以后好多年的事，而现在中国还不是经济总量世界第一呢。

所以有的事情，不要急。自己不能乱，实力足够强了，其他各方面都是自然而然的事情。

这是回答新华社记者关于高等教育国际化问题的思考（2014-12-28）

第三篇 **03**

| 教育财政 |

健全学生资助体系，应对大学学费上涨

近日，广东省和江西省宣布要调整大学学费，新标准将从 2016 年秋季开始执行。这两个省这次大学学费的调整都是分层次进行的，即不同层次的高校学费增幅并不一样，最受大家关注的具有博士培养资格的高校本科专业的增幅较大，两省这一层次高校大学学费的增幅都在 20% 左右。其实，最近这几年已经有好多个省份在陆续上调大学学费。而包括我在内的好多学者早在这轮大学学费高涨之前就预测到我国的大学学费迟早是要上调的，背后的原因包括并不限于以下几点：（1）虽然随着大学生规模的持续扩大，大学生就业难也一直持续着，但高等教育的收益依然是非常可观的；而且近几年的数据还显示，随着大学生就业观念的转变，大学生的就业难问题在好转。这样普通老百姓作为投资者，为高等教育进行投资的意愿起码没有降低。（2）大学的办学条件也在不断提升，包括校园环境、教室、教学设施、图书馆建设与藏书、住宿条件以及师资等。这样普通老百姓作为消费者，其消费意愿也起码没有降低。（3）随着我国的居民收入与可支配收入在持续增加，而大学学费已经多年维持在一个水平上，这样普通老百姓无论是作为投资者还是消费者，其支付大学学费的能力都在提高。

所以，很有可能接下来几年，更多的省份会跟进调高大学学费。这其实是有助于我国整个高等教育的健康持续发展的。因为高等教育不是义务教育，那么按照谁受益谁付费的原则，学生和家长通过高等教育受益了，就应该承担相应的成本。只不过需要具体讨论学生和家长需要承担多少比例的成本。如果学生和家长承担比例过低的高等教育成本，就可能导致大学的办学资金减少，大学的人才培养质量就可能无法得到很好保障。可能有人说，学费交得少，政府就投入更多的钱呗。然而政府的钱是纳税人的钱，而纳税人的钱包括了众多贫困地区与贫困家庭交的税，根据统计可以发现富裕地区和富裕家庭的子女读大学的比例远远高于贫困地区与贫困家庭子女读大学的比例。所以，如果政府对大学投入的经费比例过大，就是拿着贫困家庭交的税去补贴富人家庭子女读大学。这是一种显而易见的不公平。

这就是为什么学生和家长应该承担起大学相当比例的成本。当然，我国幅员辽阔，经济发展水平差异很大，而且还有很多贫困人口和低收入人群。因此，大学学费上涨对他们的影响最大，肯定要采取相应的措施帮助他们。最主要的措施是为他们提供贴心的资助体系，比如学费与杂费的减免、奖学金、助学金以及助学贷款等。我和同事根据某所大学的数据分析后发现，奖学金对大学生的学业促进作用明显，而助学金却似乎不能帮助大学生提高学业成绩。这说明不同的资助体系可能效果会差别很大。这里并不是说奖学金就一定会优于助学金。而是说高校在构建学生资助体系时，要进行广泛的调研，并进行"精准式"的设计，使得对学生尤其是贫困学生的资助能够更有效果。

随着大学学费的上涨以及人们观念的变化，还应该加大学生贷款的力度与范围，鼓励大多数学生申请大学生贷款。因为随着银行系统的全面电子化、网络化，个人的信用记录管理更加完善了，违反贷款合约的成本肯定会大幅度上升，这样得到贷款的学生违约的概率会下降。只要加上一定的政府支持，大规模的学生贷款系统应该能够持续稳定地运转。而且普及学生贷款，不但有助于激励学生好好利用大学的环境努力学习，而且还有助于培养学生树立不啃老的信念，是一件有利于个人、家庭和社会的多重利好的制度设计。

总之，这轮大学生学费上涨是一件很合理的事情，但在上调大学生学费的同时，千万要好好设计相应的学生资助体系，尤其要进一步推广学生贷款，让学生从读大学起就养成独立自主、自力更生的习惯，并且开始建立起自己人生的信用记录。

该文主体内容发表在《科技日报》（2016-07-22）

支持研究生收费

　　我是非常赞同研究生收费的。其实，据我所知，关于研究生收费的意向可以追溯到 21 世纪初，但当时很多人认为还不成熟，所以搁置。这项政策已经经过最少十年的酝酿，再说时机不成熟，有点说不过去了。而且随着中国经济的发展，居民的收入水平比起十年前已经有了很大的提高，研究生收费在可行性上应该不再是一个突出的问题。现在有人认为收费会对层次较低的高校、冷门专业造成冲击。其实，如果自身办得不好，即使不收费这些学校和这些专业，同样会有深刻的危机；相反，有了收费，学校和院系就有了压力和动力，有了竞争的氛围，说不定还能办得更好，所以收费可能会是一个机遇呢。

　　我判断研究生收费改革会对研究生培养机制产生深刻的影响。因为收费后，学生和学校的角色会发生改变。学生认为自己读研究生是一种投资了，既然是投资那么就要努力收回成本，所以，在统计意义上，学生将更加努力。收费后学校也会有压力，因为学生付费后，会对学校各方面提出更多的要求，学校必须应对学生提出的新的要求，所以学校会更加注重成本—效率问题，注意提升教学质量，等等。

　　这是回答《新京报》记者关于研究生收费问题的思考（2013-09-23）

研究生全面收费可能会促进大学生辍学进行创业

近期宣布的 2014 年我国研究生将开始全面收费的消息引起了社会上广泛的讨论。其实早在十年前，笔者还是一名博士研究生时就开始参与了关于研究生收费的项目与研究，当时关于研究生全面收费其实就早已经进入相关决策机构的视野范围内了。毕竟连本科、专科教育都全面收费好多年了，对私人教育收益率非常可观的研究生教育（比如有研究发现在 2004 年，我国研究生的私人收益率为 17.4%）全面收费，那就基本上更没有什么理论与法理上的障碍了。然而关于研究生全面收费的政策却迟迟没有出台，笔者认为这背后的一个重要原因是当时本专科的学费水平上涨速度过快，普通民众家庭以及整个社会对本专科的"高"学费已经感受到巨大压力了，如果再推行研究生的全面收费，会进一步增加社会民众的压力，甚至不满。

庆幸的是在过去的十年，我国的经济迅猛持续增长，城乡居民的可支配收入和纯收入以及储蓄水平也随之不断提升，普通居民具有了越来越强的投资和消费能力，对于研究生教育收费的压力也就小了很多。加上近十年来我国本专科教育以及研究生教育的规模越来越大，也就促进了民众对研究生教育的需求。因此，这个时候研究生开始全面收费的政策出台可谓恰到好处。

鉴于目前很多学者已经从多个不同的角度对这一重大制度变革进行了解读、分析，并提出了相关的建议，因此本文不想对此进行赘述。笔者只是试图预测分析一下研究生开始收费可能会给研究生教育本身以及社会上其他群体带来的连锁反应。

首先，笔者预测随着研究生规模的扩大，研究生教育的办学条件可能会随之提高而不会走向恶化。随着我国本专科教育规模的不断扩大，本科毕业生的就业压力越来越大，为了使自己在就业市场上有更强的竞争力，更多的本科生将有动力追求更高的学历，这样必将不断推动研究生教育规模的扩展。如果对研究生教育的投入不增加，研究生教育的办学条件肯定会出现大面积滑坡。而研究生缴纳学费，就能够在一定程度上提高研究生教育的总投入，就可能实现在其他条件不变的情况下，提高研究生教育的生均经费。其实，20世纪末至21世纪初，我国本科生教育大规模扩展，而本科生生均经费以及一系列重要的办学条件的指标不降反升，就是因为本科生缴纳的学费给出了有力的支撑。因此，有理由相信未来若干年内我国研究生教育的发展也会遵循这一路径。

其次，研究生教育的多样化将得到进一步的发展。近年来，随着研究生规模的不断扩展，研究生教育的多样化（比如类型的多样化）已经初见端倪。而随着研究生开始收费，这一发展方向会得到进一步的深化。这是因为，一旦研究生教育开始收费，那么研究生在接受教育服务时会有更多的主体意识、问责意识，会对大学的研究生培养目标、培养方式、培养形式甚至会对导师提出更多自主的要求。反过来，由于研究生开始缴纳费用，大学本身也会比以前更加主动地倾听研究生的声音、获取他们的需求信息，并且不断改进教育服务，满足不同研究生的多种多样的需求。

因为，社会对研究生教育的需求是多样化的，而且将越来越多样化；一旦研究生群体甚至整个社会对大学的研究生教育有了更多的问责意识，一旦大学开始主动去满足作为"顾客"身份的研究生的学习需求，那么研究生教育的多样化必然会得到更快的发展。

最后，会有更多的本专科学生选择中途辍学去创业。显然在中长期看来，我国研究生教育的规模必将得到较大规模的持续扩展。随着研究生规模的扩展，本科教育的文凭将会持续贬值。因此，有些学生可能不会再想耗费整整四年只为拿到一个不断贬值的本科文凭，因此可能会选择从大学辍学。

在美国高等教育大规模扩展的时期，就发生了这样看似矛盾的事情。一方面是美国高中生越来越容易上大学，另一方面美国高中生的辍学率却显著增加了。这是因为高中文凭和本科文凭不断贬值，加上接受本科教育要支付高昂的学费，这就促使一部分高中生不但选择不去上大学，而且都不想拿到高中文凭，甚至开始进入劳动力市场获得工作经验与收入。与此相类似的是，一些有着创业动机的美国大学生也选择从大学辍学进行自主创业，比如戴尔、比尔·盖茨等。

因此，随着我国研究生教育的全面收费，研究生教育的个人成本更大了，本科和研究生教育的收益却可能要降低，就会促使有些大学生选择辍学。随着中国经济的进一步发展，个体创业环境会越来越好，因此笔者大胆预测在辍学的大学生中，中国的"戴尔""比尔·盖茨"会很快进入人们的视野。

整体而言，笔者是支持研究生全面收费的，并且抱着乐观的态度预测，随着研究生的全面收费，研究生教育的办学条件将得到改善、研究生教育的多样化会得到更进一步的发展，而且大学生的辍学现象会增加，更多辍学的大学生将选择自主创业。

该文主体内容发表在《中国科学报》（2013-02-28）

提高硕士资助标准，促进研究生教育整体发展

2020 年 7 月 29 日，全国研究生教育会议召开。会议明确了研究生教育在我国经济社会发展中——尤其是在培育创新型国家发展战略中的人才基石中——的重要作用。会议的召开，预示着我国研究生教育的发展进入了一个新的发展阶段。研究生教育进入新的发展阶段是为了更好回应我国社会、经济、产业的战略转型与发展的需求，即需要"面向国家经济社会发展主战场、人民群众需求和世界科技发展等最前沿，培养适应多领域需要的人才"。

研究生教育要进入新的发展阶段，需要有新的支撑环境与条件。其中，研究生的资助是研究生进行研究学习的重要支撑，因此，笔者认为应该进行较大幅度的调整以适应研究生教育未来的战略发展。

从资助理念而言，对研究生进行资助的理念应与对基础教育、本科教育学生的资助理念有所区别。研究生教育的学习者几乎全部是成年人，而且是在就业市场中具有相当竞争力的人才。如果说对基础教育、本科教育学生的助学金政策应该是"不让一个学生因为家庭经济困难而失学"，那么对研究生的资助应是为了吸引有潜质的学习者，使其能心无旁骛地投身于有挑战性的学习与研究中，以满足研究生教育肩负着的高层次人才培养和创新创造的双重使命。

研究生阶段是我国当前唯一实现了全日制学生的资助全覆盖的教育阶段。2014 年，研究生全面收费政策开始施行，随之研究生国家助学金将纳入招生计划的所有全日制研究生均列为了资助对象。目前，博士生的国家资助标准已从 2017 年提高至每生每年 1.5 万元，相对而言，硕士生国家助学金的标准却低了很多——保持在每生每年 0.6 万元左右的水平。然而，就学生规模而

言，硕士生远超博士生，硕士生助学金的涉及面远大于博士生助学金的涉及面。笔者认为，十分需要进一步考察调增硕士生助学金资助标准的必要性，测算我国当前硕士生国家助学金的资助水平。这是增强研究生资助体系的保障作用、提升研究生教育质量、与研究生教育发展新阶段相匹配的重要措施。

笔者带领的研究团队近期采用不同方法对硕士生的资助与基本生活资助进行了测算，发现就全国平均而言，硕士生国家助学金的基本资助水平仅能支持其日常基本生活开销的 60%，在东部地区这一缺口更大。这就说明，当前硕士生国家助学金标准仍较难满足学生基本生活支出水平。因此，需要提升硕士生国家助学金标准，以保障硕士生将更多时间放在学业上，激发他们在学习中的科研创新活力，进而推进硕士研究生教育事业发展。

除了需要全面提高硕士生国家助学金的基本资助水平外，笔者对国家硕士生助学政策还有如下的改进建议：

其一，建立分类资助标准和动态调整机制。硕士助学体系应综合考虑学生的家庭经济情况、学科、地区等因素，科学评估不同背景的硕士学生对资助的需求程度，建立分类资助标准，从而保证国家助学金的资金利用效率和资助绩效最大化；同时要考虑到各地经济水平、消费水平、物价变动对学生基本生活支出的影响，建立和完善相应的资助标准动态调整机制，使得硕士生资助标准与地区的经济水平和消费水平相互适应。

其二，建立精准认定机制，强化资助瞄准效果。在研究生资助认定上，国际上研究生教育强国的一些经验可以为我国提供一定的参考。美国通过规范的"资助包"组合实现学生资助的精准发放，而完善的收入申报系统和征信系统则是美国获取学生家庭情况数据的重要工具和手段；英国采用"先评价，后资助"的方式，先对学生的住宿条件和家庭情况进行细致的评价，后依据每个学生的实际情况调整大学收费标准和助学金发放标准，使得学生资助更加精细化；在澳大利亚，申请助学金的学生需要接受政府的家庭经济情况调查。

我国目前也在相关方面有诸多动作。2019 年，全国学生资助管理中心全面推进了扶贫、学籍等系统数据共享，为破解精准资助难题提供了路径。因此，我国各地区各学校需要尽快应用全国学生资助管理信息系统中的建档立卡学生管理功能，以确保资助精准覆盖建档立卡的硕士学生，实现应助尽助；

同时,在信息化共享和大数据的基础上,对需要资助的硕士学生认定制定更为科学精准的量化标准。

其三,建立资助效果评价反馈体系,切实提高助学金资助绩效。目前,国家助学金无偿性给付与学业激励目标之间仍存在矛盾。笔者带领的团队通过实证研究发现助学金对于高校学生的学业促进作用不显著。因此,建议有关部门能够建立相应的助学金资助效果反馈评价机制,跟踪受资助学生的学业发展、心理发展、职业发展、资助效果和满意度评价等,并以此为参考依据对国家助学金政策进行相应的动态调整。

总之,我国研究生教育已经进入了一个新的发展阶段,需要有更加强有力的支持体系,因此必须进一步完善研究生资助体系,使得研究生资助能够充足、有效。鉴于我国硕士生规模最大且其资助水平相对较低,建议以硕士生资助为抓手,提高硕士生国家资助的水平,并充分发挥资助育人、资助促学的效果,进而促进研究生教育的整体发展。

该文主体内容发表在《中国科学报》(2020-10-27)

可以进一步提高博士生的资助水平

记者：最近对多位博士的访谈发现，在校博士的补贴待遇并没有想象中那么高，北京一些"双一流"高校的博士生每个月的补贴在 1500～2000 元，其中大部分来自国家助学金。不少学生觉得，每月 4000～5000 元情况会好很多。您觉得这个期望高吗？

回答：我觉得这个期望并不高。因为，硕士生毕业后能够得到的月薪是较高的，要想吸引优秀的博士生源，就要减少这些优秀生源就读博士的机会成本。

记者：目前的博士生补助主要由四个部分构成，即国家补助+导师补贴+奖学金+SCI 论文或项目补贴。其中国家每年补助 13000～15000 元是大头；国家奖学金额度也比较高，每生每年 3 万元，但覆盖人群较小，每年仅 1 万名博士生，而我国博士生招生规模已逾 10 万人（2020 年）。虽然也有一些省级、校级或是企业奖学金，但并不能广泛覆盖博士生群体。在您看来，提高博士生待遇应该主要从哪个方面着手？当前的补贴结构是否需要做一些变化？

回答：对于提高博士生的补助，我也不赞成完全由财政兜底，相反，我认为还是应该从多渠道筹措经费。尤其是提高行业、产业与企业对博士生教育的投入，这样也能吸引优秀博士生毕业后去行业、产业与企业就业。政府财政支持应该向基础学科、"冷门绝学"以及去中西部就业的学生倾斜。

记者：据您了解，国外的博士生基本补贴与国内差别大吗？

回答：差别大。比如美国没有给全日制博士生的补助兜底，博士生需要通过各种申请得到奖学金、助教、助管、助研等获得补贴。

记者： 1978 年是我国博士培养的"元年"，当时全国上下仅仅招录了 18 名博士生，当时的博士生都是"香饽饽"。此后四十年博士生招生规模突飞猛进，到 2017 年达到 83878 人，2020 年更是突破 10 万人。在您看来，博士生扩招与选拔、支持优秀人才从事科研应如何平衡？

回答： 我一直是坚定地赞成包括博士生在内的整个研究生教育规模扩展，而且规模扩展和质量提升并不矛盾。只要在招生、培养、学位论文、毕业等环节以及导学关系等影响因素在制度层面严格把关的同时，增加博士生教育的投入，就能实现规模扩展和质量提升之间的平衡。

　　这是和《中国科学报》记者关于博士生资助的对话节选（2021-10-01）

奖学金应鼓励毕业生投身边远山区

近日，《北京市高等教育、中等职业教育、普通高中学生资助资金管理实施办法》（以下简称《办法》）发布。与以往相关政策与规定相比较，该《办法》有了若干新的进步。

首先，《办法》进一步扩大了学生资助范围并且提高了资助标准。比如，《办法》首次将低收入农户学生纳入家庭经济困难学生范围，也就意味着低收入农户学生将获得北京市下发的国家助学金；而且，国家励志奖学金覆盖比例扩大，这使得更多低收入家庭学生能够通过学业努力获得更多的资助。再比如，《办法》进一步拓展了边远山区基层就业学费补偿贷款代偿学生范围。原先只有市属高校的北京生源应届毕业生才能享受该政策，现在所有北京地区高校（不分是否市属高校）所有应届毕业生（不分是否北京生源）都可以享受该优惠政策。而且，即使是外地高校，只要是北京生源的应届毕业生，都可以享受该优惠政策。这有利于鼓励更多的高校毕业生投身于边远山区建功立业。

其次，北京市教委在回答记者提问时强调了北京市未来的学生资助工作要"探索富有首都特色的资助政策"，要"研究建立学生资助政策动态调整机制、探索建立解决相对贫困机制，构建彰显首善标准、具有首都特色的发展型学生资助体系"。

这体现了相关部门已经深刻认识到学生资助工作不仅仅是"钱"的问题，而是背后要有全面的、深入的分析、评估与预测，才能在"花了钱"的基础上，实现"彰显首善标准、具有首都特色的发展型学生资助体系"。对此，笔者尝试从学术研究的角度给出若干可以进行研究的建议。

其一，系统评估"边远山区基层就业学费补偿贷款代偿"的实际效果。

"边远山区基层就业学费补偿贷款代偿"的初衷是希望通过对"到北京市边远山区基层单位就业、服务期在 3 年以上（含 3 年）"的高校毕业生，北京市补偿其学费（如果该毕业生在校学习期间申请得到了国家助学贷款，北京市补偿的学费代偿需要优先用于偿还国家助学贷款），来引导和鼓励全国各地的"高校毕业生面向北京市边远山区基层单位就业"。

然而，这种学费补偿的实际效果如何？能否提升高素质毕业生去北京边远山区就业的概率？如果可以的话，是否可以考虑进一步推广这一思路与逻辑，通过学生资助体系引导优秀毕业生去北京市最需要的地方建功立业？如果目前发现这一措施的效果不明显，则需要进一步分析该措施产生效果的拐点，进一步通过提升资助水平来实现该措施的初衷。如果缺乏上述评估，该措施可能沦落为"鸡肋"，也即有一定的引导作用，然而引导作用并不强；或者原本可以进一步推广到其他领域，却局限在北京边远山区就业这一狭小领域。

其二，进一步从供给侧提高资助的精准度，而且这里的精准资助需要"彰显首善标准、具有首都特色"，而不仅仅是让贫困学生得到一定的资助这一狭义的精准资助。具体而言，首都特色的学生资助需要考虑到每一个有需要的学生的个性化特点。比如，对于有潜力的贫困学生而言，不仅仅需要解决其基本生活支出，而且需要考虑根据其实际需要给予更多的资助以缓解贫困，使得该学生能够更加心无旁骛地投入学习、进行更高层次的学习。

再比如，即使学生不是来自贫困家庭，但也不是十分富裕，则考虑能否增加其用于研究的资助，尤其是那些有志于投身于"被卡脖子""冷门绝学"的专业或者方向的学生。这样，首都的学生资助体系不仅仅着眼于促进教育公平，还能促进首都"四个中心"（全国政治中心、文化中心、国际交往中心、科技创新中心）的建设。

其三，建立动态的调整机制。比如可以通过对每个学生进行建档，使用数据挖掘、大数据等技术手段，基于影响学生资助水平的因素构建一个多元的资助指数，并针对每一名学生的情况，计算、模拟出其实际的资助指数，将学生资助指数与实际资助类型、金额相互偶联起来，进而根据学生的具体情况给出动态的资助建议。这样，学生的情况变化了，其资助需要可能也会发生变化，相关部门就可以根据其资助指数的变化调整其资助种类、水平。

　　总之，笔者非常欣喜《北京市高等教育、中等职业教育、普通高中学生资助资金管理实施办法》中扩面提标的重要变化，更加欣喜随后北京市教委对该办法的解读——构建彰显首善标准、具有首都特色的发展型学生资助体系。笔者希望这一资助体系能够实现资助助人、资助育人、资助帮助每一个学生激发潜能、为首都"四个中心"的建设助力。

　　　　　　　　该文主体内容发表在《中国科学报》（2021-01-12）

建设世界一流大学需要打造一流的基金运作机构

众所周知，一所大学的运转与发展需要大量的经费作为支撑。因此，众多大学，尤其是许多世界一流大学也纷纷通过建立、发展专门机构募集捐赠、进行基金运作，为大学的发展提供经费支持。纵观美国一些顶尖的知名大学，如哈佛大学、麻省理工学院、耶鲁大学等，不但以一流的教学与科研著称，它们高效运作和管理的教育基金会（或者类似的筹款机构），同样也是许多大学竞相学习的榜样。比如，耶鲁大学一直以来因其基金投资的高收益闻名，其中大卫·史文森（David F. Swensen）和迪安·高桥（Dean Takahashi）两位金融学家发挥了重要的作用，在他们的掌管下，通过优化投资组合，耶鲁大学的基金获得了远高于同行的投资收益，市值在三十年里增长了 11 倍之多，平均收益率达 20% 之多，2014 年捐赠基金增长达到了 17.4%，成为大学教育基金模式的典范，为大学取得了丰厚的经费支持。

20 世纪 80 年代，时任纽约州立大学校长 D. B. 约翰斯通提出了"高等教育成本分担"理论，提出高等教育的成本应由政府、企业、个人、家庭和慈善捐赠者之间合理分摊。"高等教育成本分担"理论的出现，为之后美国大学教育基金会的迅速发展和职能拓展提供了重要的理论基础，大学教育基金会获得的捐赠以及投资所获的回报逐渐成为高等教育重要的一个资金来源。因此，美国的很多顶级专家开始关注大学教育基金会的筹资与投资的能力、策略与效率。比如，1997 年诺贝尔经济学奖得主、"期权之父"、金融学家罗伯特·C. 莫顿在 1993 就提出大学教育基金会应以效用最大化为目标运营资金，建议大学教育基金会运用组合投资的方法使资产增值。

在这股思潮的推动下，近年来，已有一些美国顶尖大学进一步加强了教育基金的投资与运作的力度，并在名称上对相关机构做出了实质的改变，比如哈佛大学将其称为资产管理公司，耶鲁大学将其称为投资办公室，这表明这些大学的教育基金机构已经转变为专业的基金管理和投资机构，主要职能就是将捐赠基金甚至一部分其他资产进行专门的与专业的管理、投资和运作。当然需要说明的是，本文为了行文方便，依然将美国大学的这些投资机构统称为教育基金会。

目前正处于世界一流大学建设重要阶段的中国研究型大学，尽管在办学经费的增长上已经取得了巨大的进步，但面对激烈的国际竞争和高等教育全球化趋势，单纯依赖国家拨款和科研项目经费依然难以支撑世界一流大学建设所需要的巨额而且持续的资金。因此，我们在建设世界一流大学的过程中，有必要借鉴美国同行的做法，通过建立、发展教育基金会或者类似组织，为世界一流大学建设筹措经费。

我国目前大学教育基金会的发展历史并不长，其历史仅有二十余年，最早的是1994年成立的清华大学教育基金会。中国高水平大学的教育基金会经过二十多年的发展，其规模得到了迅猛的提高。尽管和美国高水平大学的同行相比，中国高水平大学教育基金会在规模上依然有着多个数量级的差距，但在笔者看来，规模上的差距并不是中美大学教育基金会之间最主要的差异。笔者认为和美国同行相比，目前中国高水平大学教育基金会最主要的两块短板是投资运营能力以及对母体大学事业发展的支持上。换句话就是说，目前中国内地高水平大学教育基金会，一方面以钱生钱的能力不足，另外一方面无法将投资、运营带来的收入用于更好促进母体高校的教学与科研的发展上。

笔者和合作者利用25所进入2015年度QS世界大学排名前100的美国大学和15所进入2015年度QS世界大学排名前400的中国内地大学的数据，分析了它们教育基金会的投资运营情况以及与母体大学的教学、科研之间的关系，发现目前中国内地的一流大学的教育基金会和美国同行相比，其投资收益率不仅显著更低，而且其投资收益无法和学术声誉、教学质量以及雇主声誉形成显著的相互促进的正反馈机制。这背后的原因一方面可能是目前相关法规对中国内地大学教育基金会的投资方式与行为有所限制；另外一方面也说明目前中国内地一流大学教育基金会的投资运营并不能像美国同行一样显著促进大学教学、科研等事业的发展。

目前，中国内地一流研究型大学面临着世界一流大学建设与激烈国际竞争以及高等教育大众化等多重压力，经费方面的紧张不能仅依靠国家加大投入力度，自身也应在经费筹集方面有所作为与担当。因此，笔者认为对于正处于建设世界一流大学关键时期的中国内地一流高校而言，加强基金会建设是一个必需的方面。在世界一流大学建设进程中，中国内地一流大学应该有针对性地向美国顶尖大学学习，健全相关制度、加大募捐力度、建立健全基金会的资金运营投资，打造出具有世界一流水准的教育基金会。换句话说，建设一所世界一流大学的一个重要体现是建成一个世界一流水平的大学基金会。

与此同时，高等教育主管部门也应当对大学建设教育基金会给予适当的政策红利和改革动力，例如建立健全配比基金以鼓励学校更加积极地进行募捐，创造更宽松的制度环境鼓励大学基金会进行投资，以及制定一套适合目前中国内地大学基金会自身特点的管理办法等。

该文主体内容发表在《中国科学报》（2016-03-03）

应该像扶持小额金融信贷一样发展学分银行

在过去的近四十年里，我国的经济取得了举世瞩目的成绩，很多人认为这背后一个巨大的动因在于中国政府坚定地实施了科教兴国的政策，通过大力发展教育，使得整个社会的人力资本水平持续提高。为了使中国经济依然能够继续保持较为高速的健康增长，整个社会的教育文化水平也必须持续高质量地增长。因此必须让广大人民群众能够更加方便地进行学习，最大限度地解除广大人民群众接受教育的各种制度性障碍，以建成真正意义上的学习型社会。

因此，当前时代呼唤一个更为灵活的教育系统，一个能够和劳动力市场实现无缝连接的教育系统，使得任一公民均能够突破时间、金钱、距离的限制，在任何方便的时间、地点实现教育系统与劳动力市场之间的转换。学分银行便是一个能够帮助学习者实现在教育系统和劳动力市场之间灵活转换、以学分制度为基础的、开放式的终身教育管理体系。通过学分银行，学习者能够将自己学习得到的学分通过零存整取的方式，不断累积、认证，达到一定标准后，就可以换取相应的学历或职业资格证书。

目前很多国家和地区，比如欧盟和韩国等都在从政府层面大力推进学分银行或者相关制度的建设与发展，以推动终身教育体系与学习型社会的建设。然而要建成学分银行体系却并非一件容易的事情。因为学分银行的建设要协调不同的学校、教育子系统甚至教育系统以外的各社会子系统，需要重构学习者与办学机构之间的关系，要打破很多现存的利益格局，将遇到方方面面的困难与阻碍。以目前国家层面学分银行运作最好的韩国为例，经过十多年的建设，韩国的学分银行系统已经取得了诸多成效，比如很好地打破了不同类型教育的界限，促进了教育公平。但韩国学分银行的发展还存在着一系列的问题，比如由于学分银行的质量保障存在困难，导致社会认可度并不高等。

我国也已经认识到了学分银行制度的重要性，并开始从政府层面推动相关方面的研究与试点。比如教育部职业教育与成人教育司就批准了中央广播电视大学"国家继续教育学习成果认证、积累与转换制度的研究与实践"的项目，旨在为我国推动"学分银行"制度建设，提供理论支撑、实践模型和政策咨询。

可以预见的是，在我国建立学分银行体系的过程中，也必定会面临巨大的困难与挑战。由于学分银行具有明显的公共产品的特征，那么政府尤其应该在初始阶段加大投入。因为对于公共产品而言，如果起初缺少政府的投入，往往容易导致供给不足，进而无法形成供给—需求的良性循环。学分银行不但具有公共产品的特征，而且还和交通、电网一样属于一种基础建设，政府只有在建设初期进行相当的投入，才能让学分银行达到一个可以运营的最低标准，进而逐渐达到一个合理的均衡状态。

譬如小额金融信贷系统，虽然按照其产品性质划分，更多的是属于私人产品而非公共产品，但由于农村小额金融信贷系统具有很强的公益性和社会效益，如果初始投入不足，则很难达到实现可持续运营的状态。因此，各级政府对此均采取了一系列积极的扶持与财政投入的措施。对于小额金融信贷，尚且需要政府的大力投入，那么对于学分银行，其公共产品的属性更加明显，其建设更加复杂，因此在建设初期，政府更是理所应当加大投入力度。

由于学分银行系统的构建需要协调各个教育与社会的子系统，因此在战略部署上首先要有全国性质的顶层设计与规划。而在战术推进上，要实行分步走的策略，如同当年我国互联网的建设一样，先建成一个个的子网，然后再打通各网，形成一个总网。就地区而言，可以先在北京、上海、广东这样的发达地区试点、建成。因为这些发达地区已经具备了各种合适的支持条件，比如丰富的教育资源、相对完备的个人信息系统等，更为重要的是流动人口趋向于迁移到这样的大城市，学分银行的客户群相当充足。就领域而言，可以先从远程开放教育等领域着手，因为远程开放教育本来就具备开放、资源共享的特点，学分的认证、转换工作也相对更容易实施。

总之，新时代呼唤学分银行体系的建立与完善，学分银行的利益相关方应该重视学分银行这一新兴体系的建设，尤其是政府在学分银行建设的初期，需要对此加大投入。除此之外，所谓预则立，不预则废，相关政府部门需要做好国家层面的顶层设计，并着手在合适的地区与领域展开试点、推动实施。

该文主体内容发表在《中国科学报》（2014-03-24）

教育外包或从本质上改变大学的形态

近两年在线教育引起了社会各方人士的高度关注，笔者曾多次在不同场合（包括被媒体采访以及学术交流等）被问到相同的问题："你认为在线教育的发展会对大学产生本质的影响吗？"笔者每次都坚定地回答说："我认为在线教育的发展不会对大学产生本质的影响。"这一问题被问得多了，我不禁对其进行了更加深入的思考："那么，什么可能会对大学产生本质的影响呢？"经过这段时间的阅读、思考以及与人交流，笔者认为"教育外包"可能会对大学产生本质的影响。

什么是"教育外包"？先说说什么是"外包"。"外包"是指一个组织为了降低自己的运营成本、提高效率和效益，主动利用组织外部的资源促进组织自身的生产与运营的行为。比如耐克公司将鞋的生产外包出去，甚至将鞋的设计也外包出去，将最大的精力放在品牌运营上。"外包"是促进社会分工、提高社会整体效率的一种组织形式，被相关学者认为是 20 世纪最伟大的组织转变形式之一。那么"教育外包"顾名思义就是教育组织主动将自己组织内的业务交给别的组织，并支付相应的费用或者承担相应的职责与义务。

"教育外包"其实并不陌生，比如高校的后勤社会化，就是学校将食堂、宿舍、安保、清洁等业务外包给学校以外的组织或者个人。将后勤方面的业务外包，高校一方面希望能够将人力与物力投在教学与科研等核心业务上，另外一方面也希望提高后勤的服务效率与满意度。只是高校仅仅将后勤方面的业务进行外包显然并不能从本质上改变大学，因为大学的主要功能或者说业务是教学与科研。

那么为什么笔者认为"教育外包"会对大学产生本质的影响呢？这是因

为笔者认为未来大学的"外包"极有可能会从后勤这一类非核心业务的外包扩展到教学、科研等一系列核心业务的外包上去。而且在商业领域，很多世界级别的企业与组织已经在大规模实施核心业务外包的运营模式。比如耐克公司是生产鞋的，那么鞋的设计应该是其核心业务，或者说是它的核心竞争力。但是，耐克公司早已经将鞋的设计这一核心业务外包出去，耐克公司本身的主要业务之一就是不断寻找物美价廉、值得信赖的合作伙伴，将一项项不同的业务外包出去。再比如戴尔公司，其以独特的电脑直销模式建立了自己的商业帝国，强大的服务是其得到用户喜爱的一个核心竞争力，但戴尔公司也将其服务这一核心业务外包，以进一步将戴尔的"低成本"优势发挥得淋漓尽致。

既然在商业领域的组织，已经出现了核心业务的外包，而且核心业务外包丝毫没有损坏这些组织的核心竞争力，相反还提高了这些组织的核心竞争力，因此笔者估计在高等教育领域，外包也会从非核心业务向核心业务扩展。这是因为虽然教育领域并非商业领域，但是教育领域尤其是高等教育领域，也存在激烈的市场竞争与成本约束。笔者预计课程可能会成为很多大学的下一个外包业务，尤其是目前信息技术给课程外包提供了强大的支撑。比如随着世界上这么多顶级大学制作了大量的公开课与慕课等课程资源以及许多在线教育公司的应运而生，很多大学极有可能将许多专业课程外包出去，通过购买别的大学或者别的企业的课程及其相应的教学支持服务，给自己的学生提供教学。

当然，笔者并不是说今后所有大学都会将自己的课程外包出去，而是说有很多大学都会选择课程外包的形式。而且很有可能的是，这些选择课程外包的大学也不是将自己所有的课程都外包，而有可能是选择一部分课程进行外包。即使这样，这种教育外包也会在本质上改变大学的形态，进而改变整个高等教育的生态环境。

众所周知，高等教育系统本身是一个金字塔，塔尖是一些少数大师云集的世界一流大学，而塔底和塔身是大量的和就业市场紧密相关的学校，比如那些职业性的院校或者社区大学。随着课程外包的广泛流行，很有可能将来世界一流大学将主导课程的设计与开发，并且催生出一系列实力雄厚的在线教育公司，而广大的职业性的院校或者社区大学将根据自己学生或者社区的特点，量身定制地购买课程服务。如此，这些职业性的院校或者社区大学的学生就能够享受到质量更高的教学，而且这些大学也能够将更多的精力与金钱花费在了解市场对毕业生的知识与能力需求上、帮助自己的毕业生找到更加匹配的工作等。而那些在塔尖的大学通过将大量自己制作的公开课、慕课或者需要付费的课程出售给需要的大学或者企业，可以获得资金进而投入到新一轮的课程制作或者学术研究中去。这样不同高校的分工与合作都将得到不断地强化，整体而言，学生将接受到更高质量的课程，而且这些课程和自己未来的就业将更加匹配。

总之，笔者预测教育外包将在高等教育不断流行，并且从非核心业务外包扩展到核心业务的外包，进而从本质上改变一些大学（比如这些大学的主要精力不再是教学而更多是了解就业市场的需求、充当就业市场和学生之间的桥梁等）。与之伴随的是大量的和高等教育相关的商业组织（比如在线教育公司）将崛起，成为高等教育系统的一部分，这样高等教育系统的整个分工与合作的生存形态将会发生天翻地覆的变化。当然，那些世界顶尖的一流大学，将会继续在教学、科研与文化传承等方面保持其本色。

该文主体内容发表在《中国科学报》（2016-05-15）

不能放松家庭养老的责任与义务

随着我国老龄人口的绝对规模与相对人口比例的增加，近年来政府以及社会对养老的关注持续密集起来，关于"以房养老""养老产业""养老保险参保者的弃保现象"的争论与观点此起彼伏。对此，笔者颇有点忧虑，因为笔者认为在中国，养老还是应该以家庭养老为主，而社会养老只能是一种辅助手段，因为如果削弱家庭养老，很有可能会对中华民族的未来造成深远的影响。

根据经济学的逻辑，个体决定生育的一个很大动机是希望能够"养儿防老"，让自己老有所依。因此，有观点认为一些发达国家与地区生育率降低，部分原因就是它们的社会养老体系非常发达，这样，家庭养老就没有了用武之地。既然家庭养老的作用没有了或者极大程度上削弱了，人们在做生育决定时，就会考虑到既然不需要"养儿防老"，那么生育的意愿就会下降，毕竟生育本身对于女性而言是一个牺牲极大的事情，这也说明为什么母亲在几乎所有人类文明中都是"伟大"的化身。如果一个社会的生育率低，就必然导致老龄化问题，社会又会遭遇"养老"负担大的问题，社会保险系统可能就有崩溃的危险。如果家庭保险缺位了，社会保险又崩溃了，整个社会就岌岌可危了。

如果不需要"养儿防老"，不但可能会降低个人生育的意愿，导致老龄化，可能更为严重的是很多人会忽视对子女的教育。如果小孩的家庭教育缺失了，单靠学校是很难实现未成年人的高质量培养。如果未成年的教育出现了大面积的问题，这不但会影响到整个社会经济的发展，而且更为严重的是，整个社会的犯罪率将攀升，这绝对是一个灾难性的后果。

相反，如果家庭依然是社会上养老的主力军，家庭就有很强的动力提高生育的质量、加强对小孩的教育，这样整个社会的人力资本就会提升。而现代社会，人力资本是决定一个国家或者地区发展的基本与核心竞争力。而且让家庭继续承担养老责任，家庭这个社会的细胞就将有鲜活的生命力，进而能够有活力、很好地支撑整个社会的运转，包括降低犯罪率、提高社会和谐度等。

中华文明一直高度讲究"孝"，同时也一直高度强调对子女的教育。"孝"以及重视"子女教育"这不仅仅是一整套人伦道德体系，其背后一个很重要的经济隐含条件就是"养儿防老"。如果破坏了家庭养老的职能，很有可能重视"孝道"、重视"子女教育"的中华传统就会慢慢坍塌。如果真是这样的话，真是罪莫大焉呀。

综上所述，笔者认为坚持家庭养老，将在很大程度上使得家庭对人力资本的投资维持在一个较高的水平，这样我国整体的人力资本才能保持在一个较高水平，进而成为我国经济社会不断发展的原动力。因此，为了中华民族的未来，务必不能放松家庭养老的责任与义务。

该文主体内容发表在《科技日报》(2013-12-12)

第四篇 04

研究生教育的经济学分析

研究生教育经济学是座"富矿"

近日，习近平总书记就研究生教育工作作出重要指示，指出"研究生教育在培养创新人才、提高创新能力、服务经济社会发展、推进国家治理体系和治理能力现代化方面具有重要作用"，要"推动研究生教育适应党和国家事业发展需要"，"加快培养国家急需的高层次人才，为坚持和发展中国特色社会主义、实现中华民族伟大复兴的中国梦作出贡献"。

李克强总理也作出批示指出"研究生教育肩负着高层次人才培养和创新创造的重要使命，是国家发展、社会进步的重要基石"，要"促进科教融合和产教融合，加强国际合作，着力增强研究生实践能力、创新能力，为建设社会主义现代化强国提供更坚实的人才支撑"。

随后，全国研究生教育会议于 7 月 29 日在北京召开。孙春兰副总理出席会议并讲话指出，要"优化学科专业布局，注重分类培养、开放合作，培养具有研究和创新能力的高层次人才。加强导师队伍建设，针对不同学位类型完善教育评价体系，严格质量管理、校风学风，引导研究生教育高质量发展。"

可见，研究生教育属于教育系统金字塔的最高端，并且直接影响到国家战略，我国研究生教育在高等教育体系中的重要性越来越凸显，在这样的背景下，对研究生教育进行系统深入研究的重要性也凸显。但目前对研究生教育经济学的研究还并不多，这和研究生教育在我国整个教育系统中的地位是不相称的。

为什么需要专门针对研究生教育进行经济学方面的研究呢？除了研究生教育的重要性外，研究生教育还有很大的特殊性和复杂性。首先，研究生教育的直接成本高，它的生均成本比本科教育和基础教育的生均成本都要高。其次，研究生教育的学习成本是巨大的。很多学生毕业后如果不读硕士尤其不读博士而是选择直接进入劳动力市场，他们的薪水是非常可观的，因此读硕士或者读博士的机会成本要远远高于本科教育的机会成本，那么机会成本就会影响到学生是不是要选择读硕士或者博士。再次，影响研究生教育成才的因素特别多，比基础教育和本科教育的影响因素都要多，影响机制也更加复杂。最后，研究生教育系统本身也差异巨大。比如，硕士和博士的培养目标就有很大的差别；再比如，一般而言教育收益会随着学历层次的提高而增加，但是到了博士阶段，相对于硕士的收益不升反下降。可见，研究生教育有着巨大的特殊性与复杂性。正是因为它的重要性、复杂性，非常有必要对研究生教育中的经济学问题进行研究与讨论，而且研究生教育的经济学研究也一定会有自己的特色。

关于研究生教育的经济学，目前可以集中从如下领域进行研究。

首先，研究生教育的成本与收益研究。对于研究生教育而言，它的直接培养成本该如何核算，这是一个很复杂的问题。老师的工资是否需要计算到成本里面？老师的科研经费应该不应该计算到成本里面？如果应该计算到成本里面，那么如何计算分摊的比例？这些都是很复杂的研究议题。

研究生教育的直接培养成本很难计算，这导致它的收益率也同样很难计算。在教育经济学领域，明瑟收入方程是计算教育收益率最普遍的一个工具。但是明瑟收入方程有一个最基本的假定，就是接受教育只有机会成本。但是，一方面研究生教育的直接培养成本很高，使得明瑟收入方程的基本假定不再适用了；另外一方面研究生在就读期间有一些补助与资助，或者有很多研究生已经有了实习、兼职收入，这都使得研究生教育的机会成本计算起来非常复杂。尽管现在有研究直接采用了明瑟收入方程来计算研究生教育的收益率，但却并没有对直接培养成本不能忽略为零和机会成本的准确计算进行专门讨论。

其次，研究生教育的生产函数。教育生产函数是指分析影响学生学习成绩或者效果的一整套分析框架。国际上关于教育生产函数的研究经久不衰，但是从 20 世纪 60 年代到现在关于教育生产函数的汗牛充栋的研究中，很难找到影响学生学习成绩或者效果的规律。对于研究生而言，学习与研究更加个性化，学习与研究的衡量指标难以统一，影响研究生的学习效果与研究产出的因素更加繁杂，研究生的成才规律更加错综复杂。这些一方面说明了研究生教育的生产函数很难研究，另外一方面也说明研究生教育的生产函数急需研究，而且需要数量多、范围广、持续长的深入研究。

再次，研究生教育的效率。前期，笔者已经做过关于研究生教育效率的一系列研究，是用规模经济和范围经济进行效率的测算，有一个很有意思的发现——研究生教育对大学其他产出，包括本科教育、国际学生教育、远程教育、科研、社会服务等都能够有明显的促进作用，能够减少其他产出的成本、提高其他产出的效率，而这种现象在其他产出都是没有的。这说明研究生教育目前是中国高等教育提高效率的一个非常重要的抓手，但是目前相关人员对此的关注却并不多。

最后，研究生教育的资助。随着研究生开始收费，对研究生的资助有了大幅度的提升，资助的形式也多种多样。然而，新的问题又出现了。现在劳动力市场上高端工作岗位的工资普遍增长，大都市的生活水平也不断上升，那么对研究生教育的资助水平多少合适？另外，到底是要多设奖学金还是助学金？到底是资助研究生的生活还是学习或者研究？对研究生研究的资助到底是资助参加学术会议还是对其海外游学进行资助抑或是给予研究生本人更多的研究经费？目前国内这方面的研究可以说微乎其微。然而要想提高研究生的资助效率与培养效率，针对研究生资助的实证分析要大大加强。

尽管研究生教育对于国家发展而言具有重要的战略价值，而且自身又有极强的特殊性和复杂性，但是目前关注研究生教育经济学的学者还不多。所以研究生教育的经济学研究在未来若干年内一定会是一个重要的研究领域。最后向广大关心研究生教育事业的大家发出邀请，一起朝这个"富矿"挖掘，一起为我国研究生教育事业的发展贡献才智与力量。

该文主体内容发表在《中国科学报》（2020-08-04）

研究生教育的发展成就——砥砺奋进的这五年

十八大以来，我国在各行各业取得了举世瞩目的成绩，教育领域也不例外。我认为这五年来，在教育领域取得的诸多成就中，有两项是最突出的。第一项是居民受教育程度不断提高、人均受教育年限不断提升，这表明我国人力资本的存量和增量都在不断增加，这为我国未来社会经济的健康持续发展、为中华民族伟大复兴尚未完成的征途打下了坚实的人力资源基础。第二项是我国的教育经费越来越充足。从 2012 年开始我国财政性教育经费一直高于 GDP 的 4%，社会与家庭对教育的经费投入也越来越多，比如，教育相关企业投融资的水平发生了数量级的增长。教育经费的增加，表明我国从现在到未来的一段时间内，可以满足更多的受教育者进行更多选择、更高质量人力资本投资的需求。

然而，本文并不想对上述两个最大的教育成就进行论述，而是想分析一下近五年来，尤其是自 2013 年国家颁布《关于深化研究生教育改革的意见》，强调以"服务需求、提高质量"为主线的研究生教育综合改革启动以来，处于我国整个教育系统金字塔最顶端的研究生教育子系统的发展成就。

首先，研究生教育的类型结构越来越合理。这主要体现在，近五年来，我国的专业学位发展非常迅猛。何谓专业学位？通俗讲，专业学位是指为了满足劳动力市场对高端应用型专门人才的大量需求而设置的特定职业去向的一种学位类型。专业学位和相对应的学术学位处于同一学历层次，但是培养目标却有明显的不同。目前我国的专业学位绝大多数都是集中在研究生教育阶段。有比较大众的，比如工商管理硕士（MBA），也有比较小众的，如教育博士（Ed. D）。然而，不管专业学位是大众还是小众，千万不要忽视专业学位。美国的专业学位教育就非常普及，美国的很多官方数据直接将专业学位单独拿出来进行统计。据美国相关统计数据，在所有层次与类型中，美国专业学位的毕业生的教育收益最大，远远超过学术型的硕士与博士。

我国近五年专业学位的发展，不但体现在学生的规模越来越大，所涉及的高校与专业越来越多，而且在培养模式上也在不断改革与健全。2013 年 11 月，教育部与人力资源社会保障部共同发布了《关于深入推进专业学位研究生培养模式改革的意见》。在《意见》的指导下，我国专业学位的教学资源（比如案例库等）越来越丰富；企业、行业与相关协会也积极参与专业学位的培养，和高校一起探索构建应用型人才产学合作培养的新机制，高校专门针对专业学位培养的实习与实践基地大幅度增加；校内外双导师制不断加强与完善，更加有助于专业学位以职业需求为导向的落实。

我和其他合作者曾经根据 2015 年一项对全国范围内的专业学位毕业生进行的问卷调查数据分析，发现公共管理硕士（MPA）和工程硕士整体的就业率、教育满意度和就业满意度都是颇高的。这从侧面说明专业学位的毕业生已经得到了就业市场与学生自我的广泛认可。

其次，研究生教育的质量在全面提升。专业学位越来越得到社会的认可，不再是原先的"低人一等"，这本身就说明专业学位的培养质量在提升。而近几年关于学位授权制度的改革和招生选拔制度的改革，做到了从源头上确保研究生教育的质量。在培养上，探索分类培养的评价制度，专业学位侧重对职业核心素质的培养与评价，学术学位侧重对知识生产与创新的培养与评价。在毕业论文上，出台了《学位论文作假行为处理办法》，加大了对硕士与博士学位论文抽检的力度，与此同时在培养环节全面贯彻学风建设。上述一系列的制度建设，使得我国的研究生教育质量保证与监督体系逐步完善，研究生教育的质量在全面提升。比如，经过研究发现，我国研究生对科研的参与越来越多、对高水平科研产出的贡献越来越大；在 *Nature*，*Science*，*Cell* 等国际顶级期刊上中国高校研究生的名字出现的频率越来越高。国内高水平大学毕业的博士生去国际知名高校直接担任教职的案例也越来越多。这说明我国的研究生教育质量已经得到了国际相关领域的高度认可。

最后，研究生教育成本分担制度的建立。2014 年，研究生收费并轨，几乎所有研究生都要缴纳学费。这个政策显然是符合教育公平准则的。因为，在所有层次中，研究生的教育收益率最高，当然要通过缴纳学费进行成本分担。研究生收费政策全面展开后，相应的研究生资助体系也很快完善。通过勤工俭学、各种不同的奖学金、科研资助等，吸引高素质的人才接受研究生教育。以政府投入为主、受教育者合理分担培养成本、培养单位多渠道筹集经费的研究生教育投入机制已建立健全，相对应的研究生奖助体系也确保研究生能够安心学习与学术研究，向科研高峰攀登。

综上所述，近五年来，我国的研究生教育在类型结构与培养质量上有了全面的进步，成本分担制度及其资助体系的建立与完善也能进一步保证研究生教育的稳步发展。

该文主体内容发表在《中国科学报》（2017-11-28）

从研究生教育收益率看研究生教育的发展

从去年到现在，在多个场合，我都被询问如何看待我国现有研究生教育的规模。这大概是因为媒体经常报道说，研究生招生和报考的数量节节攀升，但研究生的就业似乎也遇到了一系列问题。因此很多人怀疑我国的研究生是不是有点多了？

的确，如果单纯从规模来看，上述怀疑是有一定依据的。国家统计局数据显示，1999 年，我国研究生在校生总数为 23.35 万人，至 2018 年，研究生在校总人数已达 273.1 万人，二十年间，研究生教育的学生规模扩大了十倍有余。然而，某个阶段的教育规模显然不能仅仅由以往这个阶段的教育规模本身确定，同时还要受到其他阶段的教育情况、宏观经济社会发展的影响。

如果抛开绝对规模，看相对比例就不难发现，现在研究生在全体人群中的比例仍非常低。我最近几年一直从事研究生教育的研究，在进行研究过程中一个苦恼就是数据不好获得。国内外很多大型的、公共的、全国范围的入户调查数据库，研究生教育的样本量都很少，难以支撑复杂、深入的数据分析。这就说明目前有研究生学历的个体是我国总人口中一个非常小众的群体，其比例远远低于美国的水平。而且我国经济正在转型发展，传统产业亟待优化升级，要跻身创新型国家前列，就需要更多的顶尖高素质人才。所以不能因为现在研究生的规模扩大了十倍就说研究生太多了，相反，我们仍然需要更多的高质量、高素质的研究生。因此可以说，从相对规模以及宏观经济社会发展来看，社会对于研究生的需求还是很旺盛的。

我们通过研究生教育私人收益率的分析发现，研究生学历能够给个体带来非常可观的收入提升。研究生教育的私人收益率，意指学生个体通过接受研究生教育获得收入增加的程度，以下简称研究生教育收益率。我们的分析发现，尽管从 20 世纪 90 年代到现在我国研究生教育规模一直在持续快速地扩大，但是我国研究生教育的收益率不降反增，和规模保持同方向变化。与此形成鲜明对比的是，本专科的教育收益率从 20 世纪末到现在，随着本专科规模的扩展而呈现明显的先上升然后再下降的趋势。所以这就不难理解，尽管媒体经常报道研究生就业难，但是研究生报考的数量屡创新高，因为教育收益率的走强自然会引发个体对研究生教育的需求。

所以从研究生教育收益率的历史变化趋势来看，我国研究生教育的规模还有很大的增长空间。然而，不少人却对此表示担忧，认为我国现有的教育资源难以支撑研究生教育规模的增长。这个担忧还是有一定的道理的。因为，虽然目前并没有很多严谨的、确凿的实证证据，但非常可能在一些研究生培养单位中，存在导师数量、图书馆、实验室、培养经费等资源不足以支撑对现有研究生规模的高质量培养的情况，更不用说要扩大研究生教育的培养规模了。

因此，加大资源投入，提高培养能力，是我国研究生教育规模继续扩展的一个重要前提条件。而研究生教育收益率持续增加，就为加大研究生教育资源投入带来了可行性。研究生教育收益率增加，就意味着学生个体通过研究生学习能够给自己带来更多的终生收入。根据成本分担的理论，谁受益谁就进行成本分担，研究生应该通过交学费的方式承担研究生教育的培养成本。

而在 20 世纪 90 年代，就是通过收取本专科学生的学费支撑了本专科教育规模的持续快速扩展。在那个时候，本专科的学费在短短不到十年的时间内迅速提高，在一定程度上保证了本专科大规模扩展的同时，也保证了本专科的教育质量，因为生均本专科教育资源并没有发生大的滑坡。当然，当时快速增长的学费也引来了广泛的社会批评。目前，我国研究生已经开始实施了收费即成本分担的政策，为了支撑研究生教育的规模扩展、保证研究生教育的培养质量，可以适当增加研究生的学费，但增加的幅度不宜过大。通过收取更多的学费收入，来提高研究生教育的投入。比如，对于博士研究生，应该给他们提供更多的研究支持，鼓励他们在博士期间勇攀学术高峰。这些研究支持包括研究基金，包括参加高水平学术会议的资助，包括搭建制度性的高水平学术交流平台等。对于硕士研究生，应该给他们提供更多的就业支持，给他们创造更多接触一线产业、企业的机会。

　　总之，无论是我国经济社会发展的需要还是研究生教育收益率的攀升，都决定了中长期来看，我国研究生研究需求旺盛，研究生教育的规模进一步扩展存在需求基础。而为了实现研究生教育在规模扩大的同时保证其培养质量，就必须保证研究生教育的资源投入。鉴于研究生教育收益率颇为可观而且持续提高，适当提高研究生教育的学费来加大研究生教育资源的投入就存在一定的合理性与可行性。因此，近期可以预见的是，研究生教育规模继续扩大的同时，研究生的收费也存在增长的空间。

该文主体内容发表在《中国科学报》（2019-04-24）

研究生教育与国家创新体系

进入 21 世纪以来，随着科学技术的快速发展，国家与地区之间的竞争愈发激烈，创新能力的高低成为决定一个国家或地区国际竞争力的关键因素。因此，很多国家将创新作为其发展的基本战略，并制定了各类政策以促进国家创新能力的提升。

根据国家创新体系的相关理论，政府、企业、高等教育系统是提高国家创新能力的最为重要的三个角色，尤其是高等教育系统，作为知识创造与知识转移发生的核心场所，是国家创新体系可持续运作的重要支柱。为什么教育与国家创新能力之间的关系如此密切？这是因为：国家创新体系存在着知识创新、技术创新、知识传播及知识应用这四个子系统。教育兼有人才培养、科学研究（知识创新）、社会服务（知识传播，为社会提供人才支持与知识贡献）等功能，而教育正是通过人才培养这个接口完成与国家创新体系中其他各子系统的对接，并成为国家创新体系中的动力系统，因此教育是国家创新体系的支柱与基础。

有研究认为随着高等教育规模的不断扩大，在高等教育系统中，知识创造与知识转移环节主要发生在研究生教育阶段。这是因为研究生教育作为高等教育的最高层次，在知识创新、高素质人才培养上均具有不可替代的作用。正是因为意识到研究生教育与国家创新之间的重要关系，很多国家在制定创新政策以增强本国创新能力时，研究生教育往往成为政策制定者的重点关注对象，在发达国家尤为如此。比如，美国研究生院委员会专门发布了题为《研究生教育：美国竞争力与创新能力的支柱》的报告，报告肯定了研究生教育在美国国家创新与竞争力战略中的重要地位，并详细说明了其所作出的贡献，在此基础上，委员会总结了美国现阶段及未来应采取的研究生教育措施，以保持其优势，继续增强国家创新能力。而更多的国家和地区通过扩大研究生教育的规模来提高本国研究生教育发展水平，以期促进国家创新能力的提升。

笔者的研究团队最近基于国家创新体系理论，以高等教育各层次的注册生数衡量高等教育各层次的规模，以世界知识产权组织发布的全球创新指数（Global Innovation Index，GII）来衡量国家创新能力，使用国别面板数据，实证分析了高等教育各层次的规模对国家创新能力的影响。经过研究得到了多个有政策含义的发现。

首先，作为一个整体，研究生教育层次对国家创新能力的提升作用明显大于本专科层次。这就能解释为什么美国将研究生教育的发展提升到了作为美国竞争力与创新力支柱的战略高度。

其次，在研究生教育内部，博士教育对国家创新能力的提升作用比硕士教育的作用更加显著，但是博士教育对国家创新能力的提升作用需要在博士教育规模达到一定程度后才能显现出来。在博士教育达到一定规模后，人均博士生注册数每增加1%，国家全球创新指数将显著增长0.044%，创新产出指数将显著增长0.073%。

再次，硕士教育与博士教育对国家创新能力的影响作用可能存在某种耦合机制，也即二者合作比各自单独对国家创新能力的提升效应更大，用算式表示就是1+1>2。

最后，高校、科研院所与产业、企业加强研发合作将提高国家的创新能力。这说明不仅硕士教育和博士教育要相互配合，而且研究生教育作为整体要迈出高校的象牙塔，走向行业、企业与科技市场，将科研成果孵化出、转化为市场需要的科技成果，这会对国家的创新能力产生双重促进作用。

根据上述发现，就可以顺利得出如下启示。首先，为了提高我国的创新能力，需要继续稳步扩大研究生规模，尽管有观点认为我们国家研究生的绝对规模尤其是博士生的绝对规模过大。但是也有观点认为，如果考虑到相对规模，比如千人注册研究生数，那么我们国家和很多高等教育强国相比较还是有一定的差距。而且最近的一篇研究指出，如果将专业学位（比如 Ed. D 就是专业博士，MBA 是专业硕士）考虑进来，我国博士生的绝对规模依然是低于美国的，更不要说相对规模了。所以，继续提高我国的研究生教育规模对于我们创新国家的建设具有重要的战略价值。

其次，研究生教育除了需要注重规模的继续扩展外，还需要注重结构的协调，需要注重硕士与博士的衔接与配合，让两者构成一个有序、和谐的体系，这就需要在定位、目标以及培养等各环节上进行有针对性的设计。

最后，要注意加强高校、科研院所等机构与企业的合作。根据世界知识产权组织 2017 年的数据，我国校企合作得分仅为 4.4 分，与发达国家相比差距较大。而高校、科研院所与产业、企业加强研发合作又能显著提高国家的创新能力，所以高校、科研院所虽然是研究生教育的主战场，但是务必要注意在进行研究生培养过程中，有意识地、有针对性地加强和外界的交流与合作。

该文主体内容发表在《中国科学报》（2019-11-06）

大力发展研究生教育，应对美国科技封锁

这段时间和中美贸易摩擦相关的新闻与事件牵动了亿万国人的心。有舆论号召我们应该充分发扬独立自主的精神，以应对美国对我国开始实施的科技封锁与制裁。笔者认为除了坚持独立自主之外，还需注意的是，千万不能因为美国对我们进行封锁与制裁，就减少交流与开放。相反，我们需要继续坚定不移地实施对外开放与交流政策，继续借鉴包括美国在内的世界各国的优良经验为我所用。

为了保证我国科技在面对封锁与制裁的情况下依然保持良好的发展态势，研究生教育将是其中一个重要的环节。因为科技发展需要一批了解科技最前沿的创新拔尖人才，而研究生教育的一个主要目标就是培养高层次、高素质的科技人才。而要进一步发展我国的研究生教育，就有必要保持开放的心态，向研究生教育强国进行对标与学习。

目前，虽然从在校生和毕业生绝对数量来看，我国研究生教育的规模已经非常庞大了。但是，如果从千人注册研究生数、就业人口中研究生学历劳动力的比例来看，我国研究生教育的规模还远远不足以支持我国经济社会的发展。即使在教育系统内部来看，我国研究生教育的规模依然是远远落后研究生教育强国的。比如，美国的研究生学位授予数（包括硕士和博士）占整个高等教育学位授予数（包括学士、硕士和博士）比例超过30%，德国和法国的这一比例超过美国，而中国目前的这一比例仅为3%左右。这说明中国的研究生规模还有很大的增长空间。

然而，笔者并不是建议仅仅继续扩大研究生教育规模本身，而是认为要在有了加大对研究生教育的投入这一保证之后，再进一步扩大研究生教育的

规模，包括需要进一步增加对研究生的资助力度。2018 年，加拿大政府制定财政规划要把更多的资源用于新一代研究人员的培养；与之相对应，加拿大研究生院理事会发布题为《为新一代加拿大研究者投资》的报告，强调要加大对博士研究生的研究资助力度。虽然近几年我国研究生教育的资助额度有了一定的增长，但还远远不够。目前对于研究生的研究资助还没有形成完善的制度，这将抑制研究生作为科研生力军的创新潜力。建议相关部门学习美国的做法，即专门针对在读的硕士与博士建立起科研基金，供研究生自主申请。这样一方面有助于宣传、表彰有学术潜力与志向的研究生，在广大研究生群体中营造更为浓厚的研究氛围，吸引更多的有志青年愿意从事高水平的研究工作；另外一方面也有助于让研究生提前习得研究项目的管理，这也是一个卓越学者需要掌握的重要技能。

除了要在加大投入的前提下扩大研究生教育规模之外，还需要注意研究生的地区分布问题。目前，我国的在读研究生主要集中在特定的几个省市。北京、上海、江苏、湖北和陕西等省市，无论是学术博士还是学术硕士，其在校生规模都占了全国的半壁江山。而专业博士在校生的集中度更高，数量排在前五的省市的专业博士数量占据了全国总数的三分之二。这在一定程度上符合人才的集聚效应，而且人才本身可以迁移，研究生培养单位的所在地不一定要和研究生用人单位的所在地重合。但是，需要考虑的是，人才高地对经济发展的促进有一定的辐射半径。所以，为了促进全国多个重要区域的经济社会发展，还是非常有必要有针对性地针对某些省市或地区（比如西部、东北等）进行研究生教育的重点建设。

若要在这些省市发展研究生教育，吸引更多的学生和老师是最起码的要求。对于学生，可以提高相应的研究生资助额度，促使学生去这些省市攻读研究生。对于教师，可以利用现在美国对很多研究人员采取的歧视、限制甚至解雇行为，主动伸出橄榄枝，创造条件，吸引他们来到中国继续从事高水平研究。

如此，研究生教育较为薄弱的某个城市或者地区，由于高水平学生和师资的聚集，成为一个人才高地，将会对当地的经济社会发展形成很好的辐射效应，又会吸引更多的人口和产业聚集过来。这样不但有助于我们国家形成更多的科技聚集点、形成更多的现代化都市圈，还将成为我国抗击美国的高关税与科技封锁的重要根据地。

总之，目前中美之争的本质在于科技，科技之争本质在于高端人才，而研究生教育是培养高端人才最重要的基地。所以，在面对美国的霸凌与封锁之时，我国除了采取各种短期的应对之策外，依然需要在长期加强研究生教育的建设。如果我国的研究生教育能够吸引世界上最好的学生和师资，那么美国的科技封锁将根本无法实施。而要进一步发展研究生教育，需要加大投入，尤其是学习包括美国在内的众多研究生教育强国的做法，加大对研究生的资助。另外，还需要有针对性地在更多的地区打造更多的研究生教育高地，培育更多的地区增长极，使得我国的高科技发展有更加广阔的战略纵深。

该文主体内容发表在《中国科学报》（2019-05-29）

发展研究生教育使得经济增长更有韧性

我国 2019 年第二季度宏观经济数据于近日公布，数据显示，二季度国内生产总值同比增长 6.2%，比第一季度放缓 0.2 个百分点。整个上半年国内生产总值（GDP）按可比价格计算，同比增长 6.3%。尽管多数舆论认可我国上半年经济整体保持稳中有进的态势，因为 6.3% 在全球主要经济体里名列前茅，但国内生产总值增速创"新低"这个变化仍引起不少人的质疑。

为了直面这种质疑，我国经济务必要保持有质量的、可持续的增长。那么如何实现这一目标呢？根据发展经济学的基本理论，人力资本是支撑一个国家和地区经济高质量、可持续发展的基础与源泉。正是基于这个原因，世界各大主要经济体都高度重视教育的发展。近年来，在主要发达国家，以培养高层次人才为主要任务、反映国家科技水平的研究生教育更是成了各国教育发展的重中之重。

从每万人注册博士生数这一指标来看，从 1998 年到 2017 年，高收入国家该指标增长了 32.1%，由 9.14 人左右增加到了 12.07 人；而中高收入国家则是由 1.88 人增加到了 4.06 人，增长了 116.0%；中等收入国家由 1.32 人增加到了 2.67 人，增长了 102.3%；中低收入国家由 0.85 人增加到了 1.46 人，增长了 71.8%；低收入国家由 0.18 人增加到了 0.50 人，增长了 177.8%。由此可见，各类国家的博士生规模从 1998 年到 2017 年都经历了较为明显的扩张。

之所以世界各国尤其是发达国家注重研究生教育的发展，这是因为随着经济和科技的发展，研究生教育对经济增长的促进作用凸显，而本专科教育对经济增长的促进作用明显减弱。基于全球的国别数据，我们分别对本专科和研究生的注册生数和毕业生数这两个指标进行了分析，随后得到了如下两个重要发现：其一，专科注册生规模每增加1%，国内生产总值总量将显著增加0.007%；本科注册生规模对国内生产总值增长的促进作用在统计上是不显著的；而研究生注册数每增加1%，国内生产总值将显著增加0.024%。其二，无论是专科还是本科毕业生数对国内生产总值增长的促进作用在统计上都是不显著的；而研究生毕业生数每增加1%，国内生产总值将增加0.0312%。

对于人均国内生产总值的研究分析和上述发现基本一致，即本专科的注册生数或毕业生数对于人均国内生产总值的贡献或是不显著，或是明显小于研究生的注册生数或毕业生数对于人均国内生产总值的贡献。同样，在研究生层次，毕业生数对经济增长的贡献度大于注册生数对经济增长的贡献度。这说明研究生教育对经济增长的贡献更多是通过高端人力资本进入劳动力市场后实现的，而不仅仅是通过教育消费拉动消费实现的。

我们还对博士阶段教育对经济增长的贡献进行了细致的分析，有如下几个重要发现。其一，当博士阶段的注册生或者毕业生规模很小的时候，博士阶段教育对于经济增长不但没有贡献，相反还有拖累。其二，博士阶段的注册生或者毕业生绝对规模对国内生产总值的贡献要高于博士阶段的注册生或者毕业生相对规模对人均国内生产总值的贡献。这说明博士教育作为学历教育系统金字塔的塔尖，其绝对规模本身就具有很大的价值。其三，博士阶段的毕业生规模对经济增长的贡献大于博士阶段注册生规模对经济增长的贡献，这再次说明博士教育对经济增长的贡献更多是由于高素质人力资本提高了不同行业和产业的科技发展水平。其四，博士阶段的注册生规模和毕业生规模对经济增长的贡献随着时间推移逐步增大，这说明博士教育对经济增长的贡献需要一定时间才能显现出来，所以博士教育的布局要有前瞻性、战略性。

因此，在我国经济增速变缓的宏观背景下，在国际本专科教育对经济增长的作用变小或者变得不显著的情况下，为了保证我国的经济增长能够更有韧性、更有质量、更持续，务须大力发展研究生教育。

从每千人注册研究生数这一相对规模来看，美国近年来一直保持在9人以上，英国是在8人以上，加拿大是7人左右，韩国是6至7人。尽管我国研究生注册人数的绝对规模连年高速增长，比如2013年时注册研究生规模为180万人，2018年达到了273万人。但是，到2018年，我国每千人注册研究生数这一指标依然只有 1.96 人，远远低于发达国家的水平。

所以，我国要继续稳步扩大研究生教育规模，逐步提升研究生教育在高等教育中的比重，以便让高质量、高层次的人力资本在未来对经济增长发挥更大的促进作用。除此之外，对于博士教育对经济增长贡献的规律要高度重视，重视博士教育的基础性、前瞻性与战略性，而且要引导博士毕业生去各行各业就业，提高各行各业的科技水平。

相信我国研究生教育的继续发展不但能够使得我国的经济增长更有韧性，而且还有可能在一段时期后帮助我国的经济增速实现"触底反弹"呢！毕竟在 20 世纪 80 年代，美国作为世界第一强国，由于受高科技的推动，面对其他强国的激烈竞争，经济增速还有超过 7% 的时候呢。

该文主体内容发表在《中国科学报》(2019-07-24)

完善研究生教育培养机制，提升我国
研究生教育的质量

近日，教育部发布了《2020 年全国教育事业发展统计公报》。通过查看公报可以看到我国的研究生教育规模在 2020 年又有了较大的增长，研究生招生数比 2019 年增加 19.00 万人，增长比例 20.74%，在学研究生数比 2019 年增加 27.59 万人，增长比例 9.63%。

笔者一直是扩大我国研究生教育规模的坚定拥护者与呐喊者，因为研究生教育对经济增长、国家创新的贡献作用不断凸显；然而与此同时，笔者同样认为要更好发挥研究生教育对经济社会发展促进的效用，需要不断完善研究生教育的培养机制。

首先，需要通过更有效的招生选拔考试招收更有潜能的研究生。笔者曾经阅读过一篇某高校的内部数据分析报告，得知该高校硕士研究生的在学成绩和全国硕士研究生统一招生考试成绩相关度较低，而与高校自己组织的入学面试成绩高度相关。这在一定程度上说明全国硕士研究生统一招生考试的选拔效率低于高校自己组织的入学面试。这一方面当然是可以理解的，因为全国硕士研究生统一招生考试要适应全国的要求，需要兼顾效率与公平以及其他方方面面；然而另外一个方面，这也说明，全国硕士研究生统一招生考试需要更多关注选拔效率的问题。

尤其是需要关注专业学位和学术学位的差异，因为这两者的培养目标，考试选拔的相关指标也就有明显的差异。然而目前这方面的研究尤其是实证研究非常缺乏，随着我国专业学位研究生规模的不断扩大，这方面的研究需要引起相关学者以及相关管理部门、培养机构的高度重视。

其次，需要进一步加强对研究生的资助。目前虽然我国研究生教育的资助体系较十年前已经有了长足的发展，在一定程度上保证了研究生安心投入学习与研究。然而，我们前期的多项研究以及国内多项类似的研究均发现目前我国研究生的助学金、奖学金的资助效果依然不甚理想，体现在不能有效提高研究生的研究产出以及创新能力。与此同时，我们的前期研究发现特定的一些资助（比如专门针对学生的课题研究资助）却有助于提高研究生的学习研究投入以及最终的研究产出。这其中的逻辑虽然不一定是因果关系，即不一定是给予研究生的课题研究资助的因导致了这些研究生研究产出的果，却可能说明这些研究资助配置给了有志于进行学术研究的研究生个体，在一定程度上减少了这些研究生个体的研究压力。

因此，随着我国研究生在学规模的不断扩大，我国的研究生教育资助规模也需要扩大。尤其需要扩大特殊性资助的覆盖面，提高特殊性资助的精准度。比如，对于投身"冷门绝学"研究的研究生就可以给予专门的资助；再比如，可以提高基础学科研究生的资助额度等。

最后，加大研究生培养和地方经济社会发展之间的联系。对于基础学科的研究生而言，应该是培养他们纯粹的学术志趣；但是对于某些和产业、行业联系紧密的学科的研究生而言，就有必要和生产实践相结合，使自己的研究促进产业、行业的发展。

尤其是在"破五唯"的背景下，"论文发表"不再成为研究生培养的必要环节，如何保证研究生的研究投入不下降？笔者认为，让研究生"真刀真枪做毕业设计"的措施可以成为一个保证研究生培养质量的方法。"真刀真枪做毕业设计"是清华大学人才培养的一个优良传统。习近平总书记在清华110年校庆前夕来清华大学考察，专门提及需要发扬"真刀真枪做毕业设计"的理念。对于世界一流大学的研究生培养需要提倡"真刀真枪做学位论文"，对于地方高校的研究生培养更需要主动为当地的科技、经济发展服务，将毕业论文写在高校所在区域的大地上。这样，一方面能够保证研究生的培养质量，另外一方面又能获得地方政府、产业的支持，实现政产教融合的良性互动。

"真刀真枪做学位论文"对于专业学位研究生的学位论文尤为重要。关于专业学位论文的标准与要求在全世界都是一个尚未形成共识的议题。如果专业学位研究生能够践行"真刀真枪"的准则，相信不但能够为中国专业学位的高质量、可持续发展提供一条方向明确的路径，而且还能为世界专业学位的发展提供中国经验。

总之，我国在国际背景错综复杂的情况下，尤其在美国对我国科技、经济与教育进行封锁与打压的情况下，一方面我国研究生教育事业依然取得了可喜的进步，另外一方面我国研究生教育工作者要有更高的使命感与责任感，不但需要从规模上，更要从质量上全方位提升我国研究生教育的质量，让我国的研究生教育更好助力教育现代化的建设，让我国早日迈入研究生教育强国行列。

该文主体内容发表在《中国科学报》（2021-08-31）

新时代呼唤硕士培养的改革

习近平总书记在"十九大"报告中指出:"经过长期努力,中国特色社会主义进入了新时代,这是我国发展新的历史方位。"我国全面进入"新时代",意味着社会经济的很多方面都具有了"新时代"的特征,也意味着要做好准备迎接新的挑战、开始新的征程。"十九大"报告还指出新时代我国高等教育的重要任务是加快一流大学和一流学科建设,实现高等教育内涵式发展。在新时代的战略背景下,我国的高等教育工作者非常有必要探索符合新时代特征的高等教育新使命、新定位与新模式,以更好促进我国未来"高等教育内涵式发展"。研究生教育处于高等教育金字塔的最顶端,需要有"使命呼唤担当,使命引领未来"的责任与决心,应努力推进研究生教育的改革,以满足我国新时代经济社会发展的需求。

目前博士生培养的定位基本清晰,主要是为高等教育机构、研发机构、公共管理机构培养高水平的学术人才和创新型人才,希望学生通过博士求学期间的系统学术训练,为将来的学术研究、科技开发、高效管理打下学识与方法上的坚实基础。但是社会经济发展对硕士的需求更加多元,因此其定位更加复杂,定位复杂必然会带来复杂的培养模式。因此,在新时代,对硕士的培养务必要改变将硕士培养当成博士培养简化版的传统做法,在招生、培养与毕业等各个环节要进行全面系统的改革。

其一,根据社会不同需求开发不同的硕士培养项目。硕士的需求多元,作为供给侧的高校应该主动去做各方面的市场调研,开发丰富多彩的硕士培养项目,引导社会对硕士多元的需求。比如开设学习方式更加灵活的硕士项目,可以远程在线,可以校企合作,可以海外研修,可以注重课程学习,也可以注重实践开发，这样必将吸引更多的人进行硕士学习，有助于我国人力资本在质量和层次上的提升。

其二，继续推进分类培养的改革。如果硕士培养项目更加丰富多彩，必然要对不同的硕士项目进行分类培养，否则就有"挂羊头，卖狗肉"之嫌疑。对于学术学位和专业学位，在培养过程中一定要注重学术化导向与应用型导向的区分，对学术学位学习者的培养要注重和博士学位的衔接，对专业学位的培养要注重和实际就业市场的衔接，而不应对其进行学术论文、学位论文的考察。

其三，硕士学习年限应该更加弹性。绝大多数的硕士学习者都是成人学习者，他们学习具有很大的机会成本，他们将时间花在学习上，就意味着学习时间内收入的减少。如果学习年限更加弹性，将有助于成人学习者根据自身的职业发展规划进行学习调整，达到学习与发展的动态最优均衡。目前英美等研究生教育强国在学习年限的设置上均比较灵活，也吸引了大量国际学习者前来学习。

其四，继续增加国际化水平。新时代是"我国日益走近世界舞台中央、不断为人类作出更大贡献"的时代，硕士培养也要有这样的战略眼光。一方面要有意识培养本土的学生到世界舞台贡献中国人的才智，另外一方面要吸引更多国际化学生来中国高校接受教育，培养更多的国际友人。这两个方面都需要我国的硕士生培养提高国际化水平，在招生、师资、课程、实习与实践、学生管理、就业等方方面面，帮助本土学生获得国际化的眼光与素质，帮助国际学生在中国获得机会、实现梦想。

其五，硕士培养和劳动力市场进行更多互动。硕士培养如果不再单纯定位在学术研究上，那么硕士培养就必须和劳动力市场进行更多的互动，以了解劳动力市场对人才培养的要求。高校作为供给端，还需要主动去预测劳动力市场的需求，引导劳动力市场对人才的需求。

其六，促进硕士培养中的学科交叉。劳动力市场对人才需求的变化会越来越快，对跨学科人才的需求也越来越大。因此不同学科的交叉与联合将逐渐成为一种常态。根据我们的调研，目前国内的一些学科交叉硕士项目虽然面临方方面面的困难，但是这些项目社会需求较大，学习者有更多的就业机会，因此学习者的积极性也较高。因此，虽然目前做起来并不容易，但是依然要促进硕士培养中的学科交叉。

　　作为"我国高等教育的一面旗帜"，清华大学已经认识到了这项工作的重要性与前瞻性，正着手系统梳理新时代研究生培养的定位与实现路径。相信国内很多高水平高校也已经启动或者正在准备相应的工作。期待在不久的将来，我国的硕士生教育，培养项目会更加多元与丰富多彩，学习者规模会扩大至五湖四海，不同学科、高校与劳动力市场的关系会更加紧密，如此，研究生教育定将担起新时代的使命。

　　　　　　　　　　　该文主体内容发表在《中国科学报》（2017-12-05）

以研究生教育发展推进高校供给侧改革

　　党的十九大报告指出，我国社会主要矛盾已经转化为"人民日益增长的美好生活需要和不平衡不充分的发展之间的矛盾"。作为一个教育研究者，笔者深刻赞同这个判断。笔者认为，目前中国教育的一个重要议题，就是如何减少或者缓解"社会日益增长的对教育多方面多层次的需求和不平衡不充分的教育发展之间的矛盾"。这个矛盾在学前教育和基础教育方面尤为突出，因为在微观层面上，学前教育和基础教育与最广大人民的联系更为直接。然而在研究生教育层次上，人们对这个矛盾的关注与讨论相对较少。但研究生教育发展方面的不平衡与不充分，同样会在中观层面和宏观层面，对地区、国家的经济社会发展产生重大的负面影响。

　　首先，我们的研究发现，虽然在整体层面上，我国的研究生教育对于地区经济增长具有显著的正向作用。但在进行地区比较时，我们发现研究生教育对东部地区经济增长的促进作用最大，西部地区已经处于显著性边缘，中部地区的促进作用最不显著。通过进一步的数据分析发现，东部地区的研究生毕业生规模最大，并且大多数毕业后留在东部，极大促进了当地经济社会的发展；西部地区的研究生毕业生规模较小，但也有一定比例留在了西部，所以在一定程度上促进了当地经济社会发展；中部地区的研究生毕业生规模虽然较大，但是很多都流向了东部，导致中部地区尽管研究生教育的规模较大，对当地的经济社会发展促进却不大。

　　研究生毕业生的自由迁移，对其个体而言是理性的，是为了追求更好的生活。然而研究生毕业生个体对自身美好生活的追求，却造成了地区之间研究生教育发展的不平衡与不充分，具体而言，就是导致中部地区的研究生教育和当地的经济发展不够匹配。这一现象也会损害相关地区、机构发展研究生教育的积极性。

针对这一问题的解决方案是进行相应的研究生教育结构调整，包括类型结构和学科结构的调整，进而使得个体层面的追求和地区、国家的发展相一致。具体而言，可以在中部地区和西部地区扩大匹配当地产业结构的学科研究生规模、扩大专业学位的发展，尤其招收工程硕士等在职的专业学位学生，并让这些专业学位的学生毕业后能够留在当地进行经济社会建设。

其次，专业学位的供给与需求存在不匹配、不平衡的问题。专业学位是指为了满足社会对高端应用型专门人才的需求而设置、有特定职业去向的一种学位类型。国际上的研究生教育大国都有科类齐全的专业学位。我国的专业学位已经有了二十多年的发展历史，目前主要集中在研究生教育阶段，例如工商管理硕士、公共管理硕士、工程硕士等。我们通过调研发现，目前我国经济社会发展正处于需要大量专业学位毕业生的阶段，专业学位的学生也有很多诉求。但是很多高校作为供给侧，却很难在短时间内满足专业学位培养的要求，比如校外联合导师或者兼职导师、教材建设、案例库建设、实习与实践基地的建设等。这就导致一方面用人单位大量需求高质量的专业学位毕业生，另一方面却又觉得目前专业学位的毕业生达不到用人要求。

针对专业学位培养模式与劳动力市场需求之间的不平衡，解决方案是继续推进高等教育供给侧的改革，对专业学位的培养模式进行改革，构建系统的、政产学研相结合的联合培养机制。具体而言，对积极参与专业学位培养的产业界给予不同形式的支持，例如减免这些单位员工进行专业学位学习的学费等，推动产业界积极主动参与专业学位的培养，从而缓解专业学位的供给与需求之间不匹配、不平衡的问题。

总之，为了缓解我国的研究生教育发展与地区经济发展、就业市场之间的需求存在的不平衡与不充分的矛盾，需要大力推进高校供给侧改革，在学科结构、类型结构和培养模式上进行调整，让研究生教育更好地满足"人民日益增长的美好生活需要"。

该文主体内容发表在《中国教育报》（2017-11-06）

研究生的规模扩展与质量提升要相得益彰

综合考虑新冠肺炎疫情以及社会经济发展的需要，教育部决定 2020 年我国扩招 18.9 万名硕士研究生。该决定出台后，马上引起了一波舆情，在网络上有着针锋相对的意见。

笔者坚定支持这次研究生扩招的决定。即使不考虑新冠肺炎疫情，单单考虑我国的社会经济发展，就有必要进一步扩大整个研究生招生的规模。笔者最近做了一系列关于研究生教育规模和国家经济增长与创新之间关系的研究，发现从国别数据来看，目前世界范围内研究生教育的规模与国家经济发展与创新之间的关系呈线性正相关，并且没有出现二次函数的现象，即起码在目前看来，世界范围内的研究生规模还远没有到达一个抛物线的顶点，还有非常大的增长空间。

当然，在规模上增加是研究生教育发展的一个方面；另外一个方面，研究生教育的培养质量更需要抓实，以便让研究生的规模扩展与质量提升相得益彰。为了保证研究生教育在规模扩展的同时还能得到质量提升，除了中央和地方需要加大对研究生教育的投入外，导师和研究生这两个主体本身要肩负起责任来。

首先，要落实导师是研究生培养第一责任人的要求。对于研究生尤其是博士生而言，导师的作用愈加凸显。这是因为研究生教育采取的是导师指导制，而且在研究生学习过程中、从新手走向独立自主的过程中，导师扮演着类似于父母般的引导者与帮助者的角色。大量的研究以及实际案例也表明，在研究生教育中，导师是研究生学习的引导者与合作者，导师的方方面面都会影响到研究生的培养质量。

因此，无论扩招与否，都要通过建立机制落实导师是研究生培养第一责任人的要求。包括规定导师对研究生进行指导的最低频次，以从制度上对导师的研究生指导提出明确要求；建立导师指导的奖惩机制，以鼓励负责任的导师；为导师指导研究生提供更多的便利，比如提供学术空间，满足导师与研究生进行学术讨论的需求等；对导师进行各方面的培训，比如培训导师如何有更好的同理心等。

其次，需要研究生自身承担起学习主体的责任。绝大多数研究生已经是成年人了，有为自己的行为负责的能力与义务。在研究生学习过程中，学生一方面是向导师学习，另外一方面也是导师的合作者，所以必须要为自己的学业负责。应当要保证足够的时间与精力用于学习与研究，有克服困难推进学习与研究的决心与担当，杜绝学术不端，更不能违纪违法。学校和导师在研究生一入学的时候就明确告知研究生：要自主学习研究生培养的各项要求，绝对不能违反某项规定，或者达不到某项规定的要求后，以"我不知道"作为推脱，因为这样的推脱也是无效的。

所以，政府、导师和研究生要各司其职，这样，在研究生规模扩大的同时才能保证研究生教育的质量提升。

然而，毕竟硕士研究生扩招了近二十万，这肯定会在未来两三年给当年毕业的硕士毕业生就业带来一定的困难。有人可能认为这次扩招是定向精准扩招，扩招的只是某些特定专业，不会影响到其他专业硕士毕业生的就业。其实不然，因为每一个专业毕业生的就业都存在一定的弹性，即不是每一个硕士研究生都只在自己专业对口的岗位就业。所以，在毕业生整体规模扩大的情况下，必然会在一定程度上造成就业难度增加。即使未来两三年后，我国的经济社会发展对于硕士毕业生出现了需求大于供给的情况，规模扩大也会导致对于所谓"好"工作竞争程度的增加。

所以，虽然在宏观上，研究生教育规模扩展有助于我国的经济社会发展与创新能力的提升，而且规模的扩大并不意味着质量的下降，但是从微观上，研究生个体要更加努力学习，争取在未来毕业之时能够脱颖而出，得到潜在雇主的青睐。

那么怎样才能够让毕业生个体到时候在求职大军中脱颖而出呢？笔者建议，首先能够取得好的成绩，这能够表明你有很强的学习能力。其次，不管未来是否从事学术研究，如果有可能的话，在读研究生期间去发表论文，这能够表明你有很强的研究能力。再次，如果已经明确了职业发展方向，应该在保证学业的情况下，有针对性地去获得该职业方向的工作经验、资格证书等。

　　总之，笔者是对研究生扩招持欢迎且乐观态度的，而且认为规模的扩招并不意味着质量的下降。如果应对得当，规模扩展的同时还能保证质量的提升。为此，政府、导师和研究生自己都有责任和义务。然而，对于研究生自己来说，务必要清醒意识到规模的扩展必然会带来就业竞争程度的增加，因此要做好充分准备，以提高自己在求职市场中的核心竞争力。这也能从侧面提高整个研究生培养的质量。

　　　　　　该文主体内容发表在《中国科学报》（2020-03-24）

考研热持续升温，研究生教育如何有量又有质？

记者：研究生招生和报考的数量节节攀升，引发人们讨论：我们的研究生是不是太多了。您怎么看？

回答：我并不认为研究生太多了。相反，我认为现在研究生在整个人群中的比例仍嫌过低，目前我国本科以上学历占就业人口的比例远远低于美国的水平。我们当下正处在经济转型发展时期，传统产业亟待优化升级，要跻身创新型国家前列，就还需要更多的顶尖高素质人才，所以不是研究生太多了，而是我们仍然需要更多的高质量、高素质的研究生。

记者：有专家认为，按照我国发展水平以及发达国家的经验，目前的招生规模应属于适宜，甚至是仍可扩大。同时，按照我国经济和产业发展情况，我国某些领域还存在较大高水平人才缺口。实际情况如何？

回答：我们国家现在的确还存在很大的高水平人才缺口，但有人才缺口，不一定就要扩招。比如现在我们加大交流、开放，加大培训与继续教育，加大研发投入等培养高素质人才。所以高水平人才存在缺口和需要扩大研究生的规模并没有必然的联系。

记者：相对于我国的研究生培养能力来说（包括导师数量以及图书馆、实验室等教学资源），目前研究生招生规模有些过大，您怎么看？

回答：这个问题问得很好，但是我现在还真没有办法对这一问题进行准确的回答。因为，据我所知，目前并没有严谨的实证研究分析过这个问题。但在局部地区，这种情况是存在的，也即在一些地方，现有的培养条件不足以支撑现有的研究生培养规模。那么提高培养能力，加大资源投入，是我国研究生教育长足发展的一个重要前提条件。

记者： 有人认为目前研究生教育存在泡沫化现象，对加强相关资源、能力建设，提高研究生培养质量，您有哪些建议？

回答： 我很难回答这一问题。但提高研究生培养质量是必须要做的。我觉得对于博士研究生，应该给他们提供更多的研究支持包括研究基金、参加高水平学术会议的资助、搭建制度性的高水平学术交流平台等，鼓励他们在博士期间勇攀学术高峰。对于硕士研究生，应该进一步促成其多样化，有的是为进一步学术做准备，有的是为未来职业做准备，对于专业硕士而言，要让企业、行业也能参与到他们的培养中来。

这是回答《科技日报》记者关于考研热持续升温的思考（2018-11-22）

创新校企合作机制，推动研究生专业学位发展

在 20 世纪末，国际上有学者已经敏锐地观察到研究生教育在整个高等教育的地位越来越重要，认为研究生教育已经从原先处于高等教育系统内部的边缘位置跃居为中心舞台的地位。随着研究生教育的发展，研究生教育系统内部也呈现出多元发展的趋势。比如在诸多研究生教育方面，专业学位从无到有，层次包括硕士与博士，毕业生规模越来越大，涉及的学科也越来越广泛。不仅如此，专业学位的毕业生在就业市场中的竞争力也越来越高。据美国官方统计数据显示，在美国，专业学位毕业生的平均收入最高，接下来依次是获得博士学位的毕业生、硕士学位的毕业生、学士学位的毕业生。

随着我国研究生教育的发展，为了让研究生教育更好地和我国经济社会快速发展相协调、为了让研究生教育的人才培养更好地满足瞬息万变的劳动力市场对高端人才提出的需求，我国在 20 世纪 90 年代初开始设置并且大力发展研究生的专业学位教育。经过二十多年的发展，我国目前共有近 50 个专业学位种类、近 600 个专业学位授予单位，学术学位与专业学位每年的研究生招生比例接近 1 : 1，已经形成了覆盖面广泛、具有相当规模的专业学位研究生培养体系。然而，由于发展历史短、发展速度快，专业学位在我国的发展过程中遇到了一系列的挑战与争议。其中一个主要诟病是：专业学位的培养目标定位和就业市场、产业界紧密联系，然而在专业学位的实际培养过程中，培养单位却忽视和产业界的交流、互动与合作，或者虽然想做却由于种种原因很难做到。

因为很多培养单位在专业学位的研究生培养过程中没有做到和产业界的密切联系、无法做到高校和产业界对专业学位研究生的协同培养，这就导致

一方面专业学位的学生对培养各环节的满意度低；另外一方面也更严重的是，培养质量没法得到保证，这又进一步引发了专业学位毕业生在就业市场上认同度不高的连锁反应。近期，笔者和合作者利用一项2015年上半年全国范围内的工程硕士（工程硕士是我国发展历史悠久、规模大、影响大的一个重要专业学位类型）毕业生的调查数据发现，在控制了一系列其他影响因素后，那些在教学内容、教学方法、教学实践、导师设置上和产业界有着密切联系与互动的毕业生，他们的就业率、就业满意度以及起薪都显著更高。

这就印证了为什么社会各界会对专业学位培养过程中，缺乏产业界元素产生激烈的批评。如果我国的专业学位培养缺乏产业界元素，就无法很好保证培养质量，就更无法达到美国专业学位那样的市场认可度——专业学位的毕业生在劳动力市场上的收入水平雄踞榜首。为了保证专业学位的培养质量，为了提高专业学位的声誉与市场认可度，专业学位的发展急需产业界的密切介入并与高校在培养过程中开展协同互动。

然而，如何才能实现这点呢？笔者最近在看一些关于企业人力资源管理的书籍，里面提到很多国际上的知名大企业，甚至包括一些并不太知名的国际企业为了促进自己员工进行终身学习进而留住高素质的员工，专门为员工制定了"终身学习账户"计划。即企业给每个员工设立一个账号，员工可以往此账户上存钱，当员工在这个账号上存入一定数额的钱后，企业也会按照比例配套往这个账号注入相应数额的钱，员工只能用这个账号上的钱进行学习和培训，比如可以用于缴纳攻读硕士学位的学费。目前我国很多企业早已经进入了世界舞台，开始了世界范围的竞争，相信我国很多企业也会仿效这种"终身学习账户"计划，帮助、促进自己企业的员工进行人力资本投资。那么高校和企业可以利用"终身学习账户"计划的机制开展合作，共同进行人力资本投资，促进专业学位的发展。

具体而言，可以有以下步骤。首先，企业为员工设立"学习账户"，并且和员工一起往里面注入经费。其次，高校和企业签订合作协议，为企业的员工提供专业学位培养；企业通过在教学内容、教学实践、校外导师等方面为高校的专业学位培养提供协助，获得自己员工攻读专业学位学费减免的优惠。这样，高校获得了企业方面的协同合作资源，提高了专业学位培养的质量；企业获得了大学的支持，降低了人力资本投资与人力资源管理的费用，又提高了自己员工的素质和忠诚度。对于员工而言收益同样很大，他们增长了知识与本领，还会提高自己未来的收入。

有了这样的合作机制，企业将有动力加大人力资本投资，而且有动力和高校进行人力资源的合作培养；整个社会对人力资本的投资将会加大，人力资本的质量将得到提升，整个社会将因此享受到更多的人才红利。因此，国家也应该从多个方面推动这一合作机制的启动与发展。比如，对于设置员工终身学习账号的企业给予相应的税收减免，对于和高校展开专业学位培养合作的企业给予更多的政策优惠，等等。

相信有了这样的校企合作机制，将会有更多的企业和员工愿意投入专业学位的培养上来，这必将极大推动专业学位的发展。

该文主体内容发表在《中国科学报》（2016-01-07）

学生集体建设对研究生而言依然非常重要

又到一年开学时。或许是从事了好几年学生工作的缘故，当看见一张张充满着兴奋、憧憬，同时又交织着一些不确定与小紧张的研究生新生的脸时，笔者的思绪却时不时想起近年来，那些由于学业、宿舍关系、情感、社会工作、找工作以及毕业论文等各种不同诱因，从而陷入焦虑、抑郁甚至出现极端情况的个案。因此，笔者觉得非常有必要提醒研究生新生，当你们在高等教育金字塔顶端进行学习时，集体建设依然是非常重要的，靠自己构建起一个温暖的新生集体，极有可能在未来若干年里，能够帮助你们克服种种学习、生活、情感与工作方面遇到的困难与障碍。

或许有人认为，在基础教育阶段重视学生的集体建设无可厚非。然而进入高等教育阶段后，学生都已经是成年人了，已经有了自己的判断力、形成了自己的"三观"，这时谈加强学生的集体建设让人感觉有点奇怪，更不要说在研究生教育阶段了。因为在此阶段，学生都已经达到结婚、生育的年龄，学生的集体建设是不是会多此一举？更何况，有的研究生都已经有了自己的家庭、工作和事业了，要在这样的群体中强调加强集体建设也不是一件容易的事情。

然而，笔者却觉得，在研究生教育阶段更是需要加强学生的集体建设。这是因为在基础教育阶段，若是某个学生遇到问题、困难与障碍，老师和家长还能够给予其以全方位、充分的帮助，而在此阶段，同学由于自身年龄、能力的不足，还很难从同学那里获得实质上的帮助。但是到了研究生阶段，学生遇到的种种困难，可能就不是老师和家长能够提供充分帮助的。相反同学可能就会成为最好的分享者、倾诉者，以及一起克服困难的"志同道合者"。

在社会学科领域，目前有一个非常流行的重要的理论，即社会资本理论。用这个理论可以很好地解释学生集体建设对于研究生的重要性。因为根据社会资本理论，如果一个人能在学生集体中和同学构建起良好关系，那么当他在学习、学术、情感、工作找寻等方面面遇到困难时，就不会感觉到无依无靠，并且能够获得同学之间实质的帮助、从而促成自己获得成功。正基于此，有的学者认为，上学除了能获得知识、积累人力资本外，还有一个很大的附加收获，那就是能获得良好的同学关系、积累组织社会资本。如果没有良好的集体建设，同学之间关系的建立、组织社会资本的获得就都是无源之水。

另外，学习理论认为，学生在学校里除了跟老师学习外，其实可能更为主要是同学之间的互相学习。因此，通过集体建设酝酿出来的良好学习氛围，能够促进同学之间的互相学习、达到学业的共同进步。如果没有良好的集体建设，同学之间一个个都像彼此没有联系，如同在校园里面游荡的原子（atom），"皮之不存，毛将焉附"，同学之间互相学习的环境也就荡然无存了。

根据笔者这几年从事学生工作的经验而言，那些在研究生阶段学习、生活中出问题的学生案例，大多都是在新生阶段，原因就在于，学生由于各种缘由游离在学生集体之外，让自己和同学割裂开来的。而且集体建设做得好的集体一般而言很少会有同学出现极端情况。相反，那些氛围、关系不够好的集体往往容易出现遇到各种学习障碍的学生。

所以，对于研究生新生而言，应该从一开始就强调他们的集体建设，让他们很快就能感觉到集体的温暖，这样就能促成每个同学主动投入构建属于自己的集体。如果新生一开始的集体建设就做得不够好，让学生感觉不到集体的存在与作用，那么就会出现"人心散了，队伍不好带"的情况，那个时候要想进一步构建良好的集体氛围就会难上加难了。

研究生朋友们，为了让自己在未来几年研究生的学习和生活中收获多多，那么一起加入集体建设中吧，你们不但将为此无怨无悔，而且还将受益终生。

该文主体内容发表在《中国科学报》（2013-09-12）

博士生毕业难是常态，需提供支撑
促进博士生学业研究

近年来，尤其是今年多所高校开始清退研究生——不但博士生被清退，连硕士生都被清退。这些清退事件引发了公众的关注与讨论。笔者认为，现在对于社会公众而言，研究生的清退或者淘汰多少是一个新鲜事物。但是笔者也相信，在若干年之后，这将成为一个常态，很难再引发大规模的舆情。尤其是对于博士生而言，清退率或者说淘汰率会越来越高。

那么，为什么近年来多所高校对研究生清退（尤其是博士生清退）动起了"真格"呢？首先是因为我国研究生的规模越来越大，在2019年连博士招生规模都超过了十万，博士在读生更是超过了四十万。其次，博士生毕业与拿到学位的要求无疑是最具有挑战度的，博士生需要的学习时间更长、投入精力更多，且其毕业具有极大的不确定性。整体而言，博士生的修业时间非常离散。在修业时间离散度高的基础上，如果博士生规模较小，还可以进行个别化管理。然而，随着我国博士生规模的扩大（而且必然会越来越大），培养单位为了减少培养的成本，就需要对其管理进行标准化，以提高博士生培养的质量与效率——开展博士生清退就是进行标准化管理的重要步骤。

公众看到的表象是高校开始"动真格"清退博士生，其实这只是冰山的一角。博士培养的标准化不仅仅体现在出口环节，其他各个培养环节也都是"动真格"的，比如博士生的资格考试、学位论文的评审等。

一旦培养单位在各个环节都开始实施标准化管理，对博士生施以高标准、严要求，博士生的淘汰率必然会攀升。相对欧美国家高校而言，目前我国的博士淘汰率和延毕率应该还算低的，面临导师的博士生名额、学生个人的户口、档案、就业等问题，导师和高校还是尽可能希望自己的博士生毕业，免得"砸在自己手上"。而欧美高校、导师则没有这方面的顾虑。因此，欧美国家博士生的淘汰率和延毕率都很高，这已经成了一种常态。尤其是世界顶尖高校博士生的淘汰率和延毕率都非常高。比如，芝加哥大学的博士生资格考试以魔鬼考试著称，据说民间版的校训是"让快乐去死的地方"（Where fun comes to die），其淘汰率可见一斑。

除了规模越来越大、培养各环节的管理越来越标准化、严格化造成我国博士生难以在一个相对短的年限内顺利毕业外，外部环境的变化也是博士生难以像十多年以前那样三四年就能顺利毕业的一个原因。可以从正反两方面来解释外部环境变化对博士生毕业的影响。其一，外部诱惑大、就业压力大，且学生到了婚育年龄后家庭压力大，导致很多博士生对于学业和学术研究的投入减少。其二，随着我国科技水平的提高以及科研条件的改善，很多导师和博士生相对而言对待研究更加从容，期待博士生做出有重大突破的成果来，这也会在一定程度上造成博士生修业年限的拉长，甚至增加毕业的不确定性。

基于此，笔者尝试提出如下建议为博士生的学习与科研提供支撑条件。

首先，建立弹性动态的淘汰机制。个人不建议由教育行政部门"一刀切"，制定一个有关修业年限的硬性规定，而是应该让学校和导师有充分的自主裁量权。就自己作为导师的经验而言，如果博士生已经学习了八年，导师和学生在绝大多数情况下应该是可以做出判断的。因此，培养单位可以在第六年的时候向学生和导师给出一个警告，第八年给出一个"黄牌"警告。如果博士生在得到"黄牌"警告后，还没有改善，则第十年就可以给出一个"红牌罚下"；如果博士生在得到了"黄牌"警告后，有了实质的进展，则继续延期应该是许可的，相应年限可以得到进一步的延长。

其次，导师是博士生培养的第一责任人。前期笔者的一系列研究发现，导师全方位的指导可以提高博士生的学术志趣和学术投入，而且国际上的多项研究都指出了导师指导是影响博士生完成学业的一个最重要因素。由此可见，导师在博士生培养中的影响力与所应担负的责任是巨大的，导师多关注、帮助学生是会有助于学生顺利毕业的。在此，笔者呼吁所有导师对自己的博士生承担起更多的职责来，而不仅仅是为学生的学习与学术负责。笔者作为导师，会帮助学生找"三助"岗，也时常关心学生的就业、婚嫁与生育等各个人生阶段中遇到的问题。笔者还鼓励学生之间学业结对子，促进学生之间的互相帮助。笔者认为，这样的举措会提高学生的毕业率与成才率。

最后，进一步提高博士生的资助。在所有正规教育阶段中，博士生的机会成本是最大的。因为博士生的就读年龄和婚育年龄高度重合，而且在就业市场中能够赚到可观的收入。为了让博士生在这样的年龄和外部环境中潜心学业与学术，应该给他们一个更加宽松的环境，包括比较充裕与多元的资助——充裕，是指让博士生无须为基本生活成本发愁；多元，则是指让学生能够有相应的资金开展自主的研究或者进行对外交流等。

总之，"博士生修业年限长、毕业难"一定会是个常态，且可以预见的是，我国毕业生的淘汰率在未来若干年内会持续攀升到一个水平，之后才会逐渐稳定下来。因此，应给予博士生更多的支撑，包括学制上的弹性、导师的帮助与资助的支持等，使那些对学术充满热爱的博士生能够顺利毕业。

该文主体内容发表在《中国科学报》（2020-12-01）

博士生学术热情与导师投入"正相关"

随着我国研究生教育规模的扩展，博士教育的多样性增加，很多博士毕业生不一定会进入学术劳动力市场，博士毕业生的就业更加多元。然而，学术精神的培养依然必须是博士教育的根本，因为无论时代怎么变化，博士都是和学术密不可分的，而博士生学习阶段是培养其学术精神最重要的阶段。所以，尽管很多博士生的入学目标并非是学术导向或者学术兴趣，但是博士培养机构依然要高度重视博士生对学术的热情以及对学术的投入。

强调学术精神的培养不仅仅是为了对得起"博士"这一称号，也是目前我国国家社会经济发展的所需。2017 年，教育部、国务院学位委员会印发了《学位与研究生教育发展"十三五"规划》，这是近期我国研究生教育发展的纲领性文件。该文件从国家战略的角度强调了研究生教育培养中学术科研的重要性："研究生教育作为国民教育体系的顶端，是培养高层次人才和释放人才红利的主要途径，是国家人才竞争和科技竞争的重要支柱，是实施创新驱动发展战略和建设创新型国家的核心要素……没有强大的研究生教育，就没有强大的国家创新体系……必须树立科学的发展质量观，大力提升高层次创新人才培养水平。"而博士教育作为研究生教育的顶端，更是需要注重对博士生学术热情的培养。

尽管现在博士学生的组成以及博士毕业生的就业越来越多元，但无论是为了让"博士"这一称号名副其实，还是为了实施创新驱动发展战略和建设创新型国家的需要，博士生在学习阶段都不能放松对学术的热情与投入。

然而怎样保证在博士生规模扩大、其求学诉求多元化的大背景下，提高博士生学术热情、增加博士生学术投入呢？教育部在 2018 年 2 月印发的《关于全面落实研究生导师立德树人职责的意见》中指出，"落实导师是研究生培养第一责任人的要求，坚持社会主义办学方向，坚持教书和育人相统一，坚持言传和身教相统一，坚持潜心问道和关注社会相统一，坚持学术自由和学术规范相统一……潜心研究生培养，全过程育人、全方位育人，做研究生成长成才的指导者和引路人。"

笔者的团队在分析一项对北京市高校博士生的问卷调查数据后发现：导师的三全育人（全员育人、全程育人、全方位育人）有助于提升博士生的学术热情，还有助于增加博士生的科研活动时间和自主学习时间。与此同时，师生之间无论是"权威型的指导关系""互补型的伙伴关系"还是"平等型的合作关系"，都不会对博士生的学术热情产生显著的影响，也不会对博士生的科研活动时间产生显著的影响。这说明导师只要践行三全育人，不管其指导风格到底是权威型、互补型还是平等型，都会促进博士生学术热情，增加科研活动的时间。

我们的研究还发现，参加导师的课题也能在很大程度上提升博士生的学术热情与时间投入。而博士生的实习兼职收入越高，其学术热情增加的概率就会越低，其学术热情减退的概率显著越高。这说明过多参加实习和兼职会对博士生的学术热情带来负面效应。这在一定程度上说明，导师应该给有志于学术的博士生提供一定的资金支持或者帮他们找到其他奖助学金的渠道，以免他们由于去实习兼职导致学术热情减退。

可见，导师的三全育人在博士生的学术热情和学术投入上具有多重的不可替代的作用。基于此，为了保证博士培养的质量和"学术底色"，需要"全面落实研究生导师立德树人职责"，让博士生导师在指导自己学生时，务必做到"三全育人"，而不仅仅是关注学生的学术与学习。作为导师，需要意识到自己不仅仅在知识上、学科上、学术上是学生的领路人，更是他们在价值观、人生观、世界观上的引导者，还是在生活上的关心人和支持者，需要全过程、全方位地指导与帮助博士生。

与此同时，学校与院系应该给导师充分的指导自由，而不能刻意规定导师在指导学生时扮演的角色，导师既可以是学生的权威，也可以是学生的合作者。我们的研究还发现，如果导师和学生之间的关系是"互补型的伙伴关系"，还能增加博士生自主学习的时间。所以，博士生在学习过程中应该发挥自己的主观能动性，不能放松自己对学术的追求与要求。博士生更不能浪费宝贵的、得之不易的学习机会，为了眼前的蝇头小利，而将本应该用于学术的时间挥霍在外面的兼职实习上去，因为这会分散自身对学术的精力，降低自身的学术热情。

总之，在博士生规模扩展、博士生教育更加多元的情况下，博士生的"学术底色"千万不能丢，这就需要"全面落实研究生导师立德树人职责"，导师要负起"三全育人"第一人的职责，而学生也不能放松自己的学术要求，既然是博士生，就必须在学习过程中以学术为己任。

该文主体内容发表在《中国科学报》（2020-04-14）

导师应负更多非学术责任

近日，南京某高校女博士深夜自杀身亡的事件引发了舆情的关注。关于其中的很多传闻笔者因为不了解实情，因此不敢妄下定论。本文旨在针对有关此事的热门话题之一——导学关系，发表一些笔者的个人见解。

关于导学关系有两种针锋相对的观点。一方观点认为导师和研究生是同事关系，仅仅在业务上需要交流、沟通与合作，除此之外，导师和研究生之间没有其他必需的责任或义务。另外一种观点认为，导师对研究生不仅仅具有业务上的指导、传授的责任，而且还必须起到立德树人、行为示范的作用。笔者认为，这两方观点都有其自洽的逻辑。第一种观点的背后逻辑是，导师只是在专业上、学术上的专家，在其他事务上是外行；让外行做内行的事，不但强人所难，而且还会适得其反。尤其是在研究生教育阶段，研究生已经是成年人了，完全可以也应该为自己的行为负责。第二种观点的背后逻辑是：导师也是老师，而老师的职责不仅仅是"授业"与"解惑"，其更为重要的作用是"传道"，而"传道"就包括立德树人，更不必说对研究生给予充分的关心与关爱。

在表明态度之前，笔者想先介绍一下英国经济学家亚当·斯密在《国富论》中对不同职业收入差异的解释。亚当·斯密认为，优伶收入很高，一是因为这个群体本身在才能上具有突出优势，二是因为这个群体的社会声誉低。因此，通过给予优伶更高的收入来弥补他们社会声誉的损失。按照上述逻辑，导师的平均收入在整个社会上虽然不属于最高的，但是属于中等偏上的，又能获得巨大的社会声誉。因此，导师应该随之承担更多的责任，才能和较高的社会声誉相匹配，因为"事少钱多离家近，位高权重责任轻"是违反基本的经济学理论与逻辑的。

作为导师的一员，笔者认为，导师已经享受到了较高的社会声誉，并能够得到自己在读研究生与毕业生的爱戴，应该为此付出更多、承担更多的责任，才能有"无功不受禄"的坦荡。如果进一步考虑到在中国文化中，导师的突出地位——所谓"一日为师，终身为父"，笔者坚定地赞同"导师是研究生培养的第一责任人"的观点，认为导师应该采取措施，尽量避免自己在读研究生自杀这种悲剧的发生。

当然，笔者并不赞同让导师对研究生承担无限责任——不能研究生一出事，就怪罪到导师身上，但是导师有责任主动了解、关心研究生的生活状态和思想状态；如果研究生遇到了困难，应该尽可能伸出帮助之手。

并且，从功利的角度而言，导师在研究生培养上投入时间与精力也是一笔收益不菲的投资。首先，研究生属于导师的学术团队，研究生的身心健康有助于提升整个学术团队的学术生产力，进而扩大导师的学术产出。其次，研究生培养可以看作导师的教学产出，如果研究生在自己指导下成长为一名合格甚至优秀的研究人员，这表明导师具有较好的指导能力，进而能够提高导师的声誉。再次，研究生在导师的培养下不断成长，毕业后依然是导师的学生。这和"养儿防老"的逻辑一致，学生毕业后发展越好，越有助于提升导师在职业晚期的幸福感。由上可见，导师用心培养研究生和父母精心培养孩子一样，是能够获得巨大收益的。

另外，从职业操守的角度而言，师傅有责任带出徒弟来，导师也应该为研究生的培养负责。首先，导师要通过制定培养方案、提供研究机会，让自己学术方面的"学徒"在学术方面"出师"——尤其是国家和学校为导师支付了相应的费用，现在研究生也通过直接向学校交费进而间接向导师付费了。其次，导师需告诉学生遵守学术规范，自己也应遵守学术规范，这不仅仅是履行职业规范，也是以身作则、言传身教。再次，国家已经出台了关于导师的相关规定，相当于是国家对导师这一职业制定的职业标准，作为导师个体当然也应执行。由上可见，从职业操守与规定的角度分析，导师也应该将研究生培养的相关要求与规定（并不仅仅是学术上的指导）当作自己的职业准则来实施。

总之，无论是从收入和社会声誉的关系出发，基于成本—收益进行理性分析，还是从遵守导师的职业规范与操守的角度来看，导师都应该关心研究生的生活与心理健康，而不仅仅只和研究生在学习、学术方面进行交流与沟通。因此，导师显然有责任在前期采取预防措施，以阻止自己研究生自杀这类极端事件的发生。当然，这里并不是说如果这样极端事件发生了，就一定是导师的责任。

最后，笔者完全认可"导师是研究生培养的第一责任人"这一观点，因此，也会尽可能了解自己研究生的学习、学术、生活、心理等状况。笔者如果发现自己的研究生遇到的困难是自己没有办法解决的，也会第一时间向其他同学和老师求助，共同帮助学生解决难题。

该文主体内容发表在《中国科学报》（2020-09-29）

第五篇 05

远程教育的经济学分析

对远程教育进行经济学分析，应对
远程教育生存危机

远程教育具有成本优势

记者：生均成本低一直被认为是远程教育的优势。据您的研究，和传统面授高等教育相比，是不是这样？

回答：在权威数据的基础上，我和合作者的研究发现，远程高等教育的确比传统面授高等教育具有生均成本上的优势。而且在低生均成本的情况下，学习者对远程高等教育的满意度并不低于传统面授高等教育。这说明远程教育的成本优势，并不是以低教育满意度为代价的，而是实实在在具有更低的成本。远程教育运行机构要充分利用低成本的优势，去打造符合远程学习者的教与学模式、运营管理模式等。只有这样，远程教育才会在与其他类型的教育竞争时具有核心竞争力。

记者：有人认为，生均成本低并不能带来高质量，您的研究是怎样的？

回答：这里需要澄清一下，生均成本低并不意味着质量就低，生均成本和质量完全是两码事。只能说生均成本可能会影响到质量，但也可以用低的生均成本实现高质量的教学。比如，在成本一定的情况下，通过师生互动、生生互动、针对性地教学设计等，就能大幅度提升教育质量。也就是说，教学设计、师生互动、生生互动等因素可能比成本本身，更有可能影响到远程教育的质量。当然，我并不是在说远程教育提供方因为成本方面的考虑而降低教育质量，而是说可以从更多方面进行考虑来提升远程教育的质量。

记者：近年来，信息技术创新层出不穷，远程教育的低成本优势是否已经丧失？

回答：随着信息技术的发展，远程教育的低成本优势将会更加明显。比如，现在上网费用就降低了很多，移动学习设备的价格也下降了不少，交互技术也使得线上线下教学交互的成本大幅下降。更为重要的是，随着信息技术的发展，高质量的师资与课程将能够得到海量学习者的共享，这些都会使得远程教育的低成本优势更加明显。

其实，远程教育更适合来自农村的学习者。我的研究发现，远程教育有助于提升农村学习者进入城镇生活和工作的概率，也即远程教育有助于推动新型城镇化建设。但遗憾的是，目前远程教育的农村学习者比例很低。所以，农村是远程教育进行战略布局的重要地区，也是其可以发挥成本优势的地区，起码农村学习者不需要为远程学习支付住宿、交通等方面的费用。

另外，远程教育除了了解自己具有低成本的优势外，还要牢记自己的另外一个大优势——跨越时空的"便利"。在信息化时代，远程教育运行机构更应该将"便利"的优势发挥得淋漓尽致，才能更好面对传统面授教育机构的竞争。

记者：平台等技术，国外比国内要成熟，而且价格便宜。如果将其外包给国外公司，可以很大程度上降低成本。您同意这种做法吗？

回答：不一定国外平台成熟就便宜，因为平台不仅要运行，还要有维护、教学支持等，而这些方面的成本可能国内比国外便宜多了。所以，我支持教育机构可以将相关的业务进行外包，但并不认同将其外包给国外公司，而是选择最有效率的、最合适的机构。

目前，我国已经有了好几个具有国际竞争力的平台。我相信，随着我国综合国力的进一步增强、文化软实力的进一步提升，中国人的语言与在线课程在全球会越来越受欢迎，中国人自己制造的各种在线学习的平台在不久的将来就能风靡全球。

另外，我也认同服务外包将在远程教育或者在线教育领域广泛存在，因为服务外包有助于降低成本，并且提高其效率与质量。

远程教育面临生存危机

记者： 您曾经有一个观点，远程教育面临着巨大的生存危机，为什么这样讲?

回答： 这是我们通过研究得出的结论。20世纪90年代以来，远程教育的规模以翻倍的速度不断发展，为我国高等教育从精英化阶段顺利迈向大众化阶段作出了巨大贡献，并正在为我国从高等教育大众化阶段向普及化阶段迈进而积极努力。在过去的十多年里，远程教育不仅在规模上有着很大发展，在形式与类型上同样如此。

但是，在远程教育取得巨大成就的同时，也应该清醒地认识到，不久的将来，远程教育可能会面临严峻的挑战，甚至可以说是巨大的危机。

记者： 危机表现在哪些方面?

回答： 我们的研究发现，在过去的十多年里，我国传统面授高等教育与远程教育存在着共同促进的现象。不过，随着经济社会的进一步发展，两者之间的关系将从相互促进、互为补充逐渐走向争夺生源、相互挤占阶段。一方面是人口变化带来的社会对高等教育总体需求的降低，另一方面是来自传统面授高等教育的竞争与挤占，这就对我国远程教育的发展提出了严峻的挑战。

经过初步的数据分析发现，随着远程教育规模的扩大，远程教育对我国经济增长的促进作用不增反减。尤其是进入新世纪后，远程教育对我国经济增长的贡献越来越不显著。

还有，尽管目前我国远程教育能够给学习者带来比较可观的经济收益。比如，经过我们的测算，接受远程本科教育将会使学习者的收入提升49%~59%。然而，随着我国高等教育整体规模的扩大，远程教育对个体学习者收入的提高效应也有着明显的下降趋势。

　　因此，我国远程教育系统应该有强烈的危机意识。目前，社会上已有不少人将远程教育当作传统面授高等教育的低质量替代品。如果不提前做出准确的规划与布局，远程教育将面临严峻的生存危机。

　　记者：如何才能可持续发展，是现代远程教育试点以来一直面临的问题，也是试点的意义之一。从教育经济学的角度来看，您认为，远程教育要可持续发展，需要关注哪几个要素？

　　回答：从教育经济学角度来讲，远程教育要可持续发展，显然是要有足够多的对远程教育感兴趣并且愿意为此进行投入的学习者，而要想学习者对远程教育有兴趣，并且愿意投入相应的时间与成本，远程教育就要给学习者带来足够的收益。这个收益可以是学历文凭带来的，也可以是学习过程中获得的知识与能力带来的。因此，远程教育要想可持续发展，关键是要帮助学习者获得他们想得到的东西。当然，很有可能学习者也不知道自己通过远程教育到底能够得到什么或者实现什么。这个时候，远程教育运行机构可以帮助学习者去挖掘学习需要，学习者的学习需要一旦被激发出来了，远程教育就能实现可持续发展。所以，远程教育要持续发展，就要将功夫花在了解学习者的需求、激发学习者的需求两个核心方面。

远程教育要从培训中挖掘规模

　　记者：远程教育可以说是规模经济，没有规模就没有效益。在目前形势下，远程教育的规模要从哪里再次挖掘？

　　回答：这个问题非常好。我和其他研究者分析数据发现，如果仍然只针对现有的目标人群，比如适龄人口，那么远程教育的潜在受众人数将会大规模下降。所以，远程教育办学机构一定要进一步挖掘潜在的目标人群，比如老年人、国际留学生、各行各业的在职培训等。如果不去扩展潜在的目标人群，远程教育办学机构可能会逐渐消亡。有了目标人群的扩展，并不断满足潜在学习者的学习需求，远程教育就可以避免和普通高校的同质化竞争。

记者：您提到培训，这是当前远程教育领域非常关心的话题，请您具体谈谈。

回答：其实，国家的顶层设计也早就指出了我国远程教育的培训属性。远程教育介入在职培训，就能使远程教育的一些特点与规律发挥得淋漓尽致。这样一方面可以促进远程教育办学机构拓宽思路、争取更多的受众。另一方面也可以促进学校教育系统与培训系统这两大人力资源培养系统的融合。远程教育作为一种特殊、灵活的教育，目前正好跨越于学校与培训两大系统之间，应该充分发挥它的桥梁作用，在促进整个人力资源培养系统（包括学校教育系统与培训系统等）发展的同时，也获得自身发展的广阔天地。

记者：那么，远程教育培训应该针对哪些人群呢？

回答：我们的研究发现，那些收入越高，年龄、工龄越大，平常支出较少的学习者，更有可能为远程教育自掏腰包。因此，远程教育应该有意识地挖掘那些收入高、有一定工作经验的群体，为他们提供能够拓展工作领域与视野的培训。由于个人的总支出与为远程教育自主付费两者之间存在此消彼长的替代关系，因此，远程教育要想办法将有关办学信息有效传递给那些平时消费并不太积极的群体，鼓励他们去进行在职人力资本投资，这也是扩大内需的一个有效措施。

在注重挖掘不同群体付费的同时，远程教育要特别注意加强和企业、行业的联系与合作，尽快找到属于自身的细分市场，以免在激烈的竞争中被淘汰。

此外，远程教育还可以挖掘范围经济。所谓范围经济就是远程教育能够促进办学机构的其他功能，比如研究功能。随着大数据理念与技术的兴起，办学机构在提供远程教育的同时，拥有海量的学习数据。这是一个宝贵的资源，可以促进很多方面的研究，产生大量的附加效益与财富。所以，远程教育不仅仅有规模经济，还有更重要的范围经济，这是目前很多办学者和学者容易忽视的领域，而这恰恰是未来远程教育的学者与实践者需要寻找的宝藏。

比如，开放大学应该尽快投入到资历框架、学分银行等的战略布局中去，利用原有的海量学习者资源，帮助他们去构建终身学习账号，去构建不同教育子系统的"立交桥"。这样不仅能够实现自身业务的拓展，还能够带来重要的社会效益——促进学习型社会的建设等。

新浪潮中要更关注教育公平

记者：您提到农村学习者比例很低，发展远程教育不就是为了教育公平吗？

回答：是这样。远程教育在产生之初就致力于以低成本等优势促进教育公平，特别是希望能够给偏远、贫穷的农村地区的人群提供更多的受教育机会，以解决地区发展不平衡的矛盾。很多政府及国际组织，也认为远程教育要致力于帮助弱势群体走出社会困境，为他们提供向上流动的机会。因此，从 21 世纪以来，很多国家与地区都大力开展了各种形式的远程教育。

我们曾专门分析了我国远程教育的发展与地区间的教育公平问题。不过，结果却令人失望。通过计算 2003—2008 年我国省际远程教育和普通高等教育招生人数的基尼系数，我们发现，随着我国高等教育的大规模扩展，在提升地区间的高等教育机会公平方面，远程教育做得还不如普通高等教育好。更令人担忧的是，在西部地区也就是经济欠发达地区，远程教育的地区不公平现象还有进一步恶化的趋势。

这说明，远程教育尽管有种种优势，但是如果在顶层设计中没有相应的制度保障与资助政策，弱势群体、欠发达地区的群体，可能会陷入"数字化鸿沟"，处于更为弱势的地位。这显然不是远程教育的政策制订者以及广大民众希望看到的。

现在，又一次远程教育浪潮已经涌来，大学公开课、慕课成为世界范围内学者、政治家、商业精英以及社会民众热议的话题，但奇怪的是，很少有人谈到这些开放课程可能对教育公平产生的影响。我特别要强调的是，在这次浪潮中，政府、学者以及整个社会都应该对其相关的教育公平问题给予广泛而深入的关注，尤其是关注弱势群体是因此获得了更多的受教育机会，还是和强势群体受教育机会之间的差距越来越大，以避免让一个本来能够有效促进教育公平的教育子系统反倒成为一个扩大教育不公平的"帮凶"。这不仅仅是一个扩大规模的问题，更是远程教育的发展方向问题。

大众学习需求需要创造、激发

记者：多年来，很多人呼吁，应该有远程教育界的淘宝、京东，但至今没有出现。您认为原因是什么？

回答：根本原因还是学习本身是一件苦的事情，比购物、娱乐的吸引力差远了，所以要让这么多的普通人持续保持着学习的动力，绝对要比让他们保持着购物、娱乐的习惯难多了。其实，连娱乐（比如影视）都没法实现拥有像淘宝、京东那样的超级大平台，更不要说教育了。比如，早就有线下的沃尔玛连锁超市，但从来没有如此大规模的线下教育连锁机构。

因此，我认为远程教育不一定要有淘宝、京东，如果远程教育能够做到很好的覆盖一定的目标人群，就足矣了。

记者：远程教育需要投入，如何解决资金是一直很头疼的问题。近年来，产业界对远程教育纷纷介入，您如何看待这个问题？

回答：不论形势如何变化，大规模依然是远程教育的重要竞争优势，远程教育应该认真利用这一优势。我认为，产业界的介入将会成为远程教育重要的发展契机。现有远程教育办学机构不应悲观地认为，产业界的介入多了众多实力强劲的对手，反而应该抓住这一机遇，加强和产业界的战略合作，发挥自己的优势，包括已有的办学经验、办学资源、学习者资源等，进一步做大、做强。

记者：现在，远程教育都在强调内涵建设。您认为，以质量求生存的时代是否已经到来？

回答：我认为，以质量求生存的时代还没有到来，也不会到来。远程教育挖掘学习者学习需求的重要性远远高于强调教育质量本身。比如，如果远程教育办学机构能够通过搭建平台促进学习者的联通学习、自主学习，这远比提高教育质量更有吸引力。所以远程教育和普通高等教育相比，应该秉承灵活的教育质量观，以满足学习者的学习需要为第一目标。

记者：无论是远程教育还是在线教育，都一直面临着可持续发展问题。对此，您有怎样的建议？

回答：最关键的问题是，"互联网+"时代的远程教育或在线教育应该着力解决大多数人不愿学习这一终极惰性。而且，不能仅仅局限在不断满足学习者的学习需求上，还要以激发学习者的学习需求为己任。这是新时代远程教育或在线教育的发展之魂。

需要注意的是，我所说的是学习需求，而非学习兴趣。对于大多数人的学习热情和积极性，我一直抱悲观态度：如果没有外来的压力与激励，大多数人是很难投入持续不断的学习中去的。因此，学习不一定非要依靠兴趣才能持续，也就是说，不仅兴趣能够催生学习需求，压力同样能够催生学习需求，并且不能贬低外在的压力，包括文凭、晋升、事业发展等世俗目标带来的学习需求。

在"互联网+"时代，无论是大学、企业等非营利、营利组织，还是个人，都应该充分利用大数据、跨界、众筹、开放等技术，以及互联网方式与思维，打破学校的围墙界限，打破人群的阶层界限，打破知识的专业界限，打破个人的年龄、性别、语言、信仰、爱好等界限，无论是采取压力导向的方式还是调动兴趣，要为每个个体创造学习需求，将他们的学习需求激发起来。只有这样，远程或在线教育才能成为有源之水，才能不为生存烦恼，才能为人类学习这一永恒而光辉目标助力。

"互联网+"时代的远程或在线教育，因自身具有开放、跨界、集合多智慧的特点，所以应当抱着当仁不让的决心与态度，努力去追求这个发展之魂——不断创造、激发普罗大众的学习需求。

谁为远程教育付费

改革开放以来，我国的经济持续以举世瞩目的成绩在快速发展着。中国要持续保持高速的增长，还会受到很多条件的约束，要有稳定的政治、安全的国防为依托，人力资本也是很大的一个影响因素，甚至是最为重要的因素。远程教育作为整个终身教育系统中的重要子系统，其对于一个现代化国家的社会发展无论从哪个角度来说，其重要意义都不言而喻。

然而，伴随着中国人口结构的变化、适龄人口的减少，社会对高等教育的总体需求可能会降低。经过严格的宏观数据分析，可以发现从中长期来看，随着我国经济水平的不断上扬，以及受过高等教育人口规模的不断扩大，普通高等教育与远程高等教育之间的关系将从相互促进、互为补充逐渐走向争夺生源、相互挤占；也就是说，未来随着社会经济的进一步发展，远程高等教育面临着普通高等教育的猛烈竞争。这就对我国远程高等教育的发展提出了严峻的挑战。

因此，我国的远程高等教育系统应该提前应对这一趋势，避免走入和普通高等教育互为挤占的境地。这就要求远程高等教育在办学过程中逐渐突出自身特色，提升核心竞争力，积极拓展新业务。比如将在职培训纳入战略目标中并且做大做强，继续实现和普通高等教育的合作伙伴关系，为我国人力资源强国的建设贡献力量。

培训作为和教育、健康、迁移并列的一种重要人力资本，受到了不同学科学者的广泛关注。对于培训的研究可谓汗牛充栋，但目前却很少有人从培训的角度来研究远程教育。之所以出现这一盲点，可能是由远程教育的特殊性以及目前我国远程教育发展的阶段性特点造成的。首先，但尽管目前我国远程教育的受众有很大一部分是由在职学习者构成由于种种原因和误区，目前我国远程教育仅仅被当成学校教育系统的一部分，而并不被认为属于在职培训；其次，很多远程教育的学习者也仅认识到自己参与远程教育学习是一种学历补习教育，而没有认识到，即使是在职拿文凭或者证书也是一种典型的在职培训。

诺贝尔经济学奖得主贝克尔（Becker）开创性地对员工的在职培训进行了研究，包括将在职培训区分为普通培训（general training）与专门培训（specific training）。前者是指通过培训学到的技能或者知识不但对当前企业有用，而且在其他企业也同样能够发挥功效。后者是指通过培训获得的知识与能力仅仅能够对员工当前的工作有用，如果员工跳槽就再无用武之地。经过严谨的数学分析，贝克认为，雇主没有动力为员工的普通培训付费，因为普通培训的收益都被员工本人占有了，所以员工本人由于期望得到更高的工资而对普通培训有投资付费的动力与意愿；对于专门培训而言，由于企业和员工共享培训的收益，因此他们都将有动力投资专门培训。当然，将在职培训区分为普通培训和专门培训仅仅是因为理论上的需要，现实中的大多数培训都是两者兼而有之。但是无论如何，如果培训中普通培训的成分越多，那么员工对培训付费的可能性也就越高，承担的培训费用也就越多，反之专门培训的成分越多，企业为培训付费的可能性越高、承担的培训费用也就越多。

经过对远程教育学习者的学习目的以及付费方式的调查分析，我们发现，那些将远程教育更多当成普通培训的学习者，自身为远程教育付费的概率显著更高；那些将远程教育当成专门培训的学习者，雇主为远程教育付费的概率显著更高。这就从远程教育学习者的付费角度证实了远程教育的确存在着明显的培训属性。

总之，面对新的形势与挑战，远程教育的办学机构应该扩大远程教育的培训成分与性质，以争取更多的受众，与此同时更需要根据培训的性质去精耕细作地挖掘与开拓市场。

该文主体内容发表在《中国科学报》（2013-01-17）

远程教育的文凭功能不能剥离？

不久前，《人民日报》的12版（文化版）刊载了两篇关于远程学历教育各种乱象的文章。由于笔者目前的一个主要研究兴趣就是分析远程教育中的经济学问题，因此非常细致地阅读了这两篇文章中的论据与观点。其中《远程教育，用武之地还很多》这篇文章中有一个很重要的观点，那就是"剥掉'为文凭学习'的功利外衣"，笔者对此却并不敢苟同。

无论社会如何发展与进步，总有一定数量的高等教育适龄人群由于种种原因（如经济原因、个人认识问题、疾病、灾祸等）失去了在适龄时候接受高等教育的机会，他们在成年后，在有了更多社会阅历、更好的经济基础以及更明确的学习目标后，很有可能会萌发接受高等教育的愿望。不管这种愿望是为了工作、为了升职的所谓"功利"取向，还是出于"为知识学习""为兴趣而学习"的所谓"高雅"取向，都无可厚非，教育系统都是有责任满足这部分人群对高等教育的需求。目前看来，远程教育是我国能够高效完成这一职能而又不会对其他适龄高等教育受众产生巨大冲击的最好手段。

况且，从上个世纪末以来，经过十多年持续的、大规模的高等教育扩展，我国也是刚刚从高等教育精英化阶段转型到大众化阶段，高等教育人口占整个人口的比例远远低于英、美等发达国家水平，规模巨大的成人人群对高等教育学历的需求还远远没有得到满足。所以，学习者选择远程教育，无论是为知识而学习，还是为学历而学习，两者都没有优劣之分。如果剥离远程教育的文凭功能，那么又有哪个系统能够承担起这一职能呢？

不可否认，我国的远程教育在发展过程中存在一定的乱象，但不能因为远程学历教育出现的这些问题，就否定其对我国高等教育从精英化阶段顺利迈向大众化阶段作出的重要贡献，更不能妖魔化远程教育的文凭功能；因为远程教育也是整个教育系统的一个重要组成部分，而提供文凭本身就是教育系统的一个不可替代的功能。

无论是哪个社会，只要存在就业市场，劳动者需要求职、升职，雇主需要选拔合适的雇员，那么这个社会就需要教育的文凭功能，而远程教育就能以其跨越时空的优势和其他教育子系统一道为这个社会提供这种文凭服务。

当然，笔者完全赞同这两篇文章中关于扩大远程教育功能的观点。笔者也曾经多次撰写学术论文论证过我国远程教育的未来发展，非常有必要扩大远程教育的用武之地，不能将远程教育的功能仅仅限制在学历教育上，比如应该向培训、终身教育方向上拓展。但是远程教育的文凭功能却万万不能剥离，因为剥离这种功能，也就意味着剥夺了很多成人学习者接受高等教育的权利。

正如名为《远程学历教育竟如此注水》的文章所言"之所以社会上还认远程教育的学历"，"有些专业的从业资格证书，要求必须拥有该专业的学历，通过远程教育拿个专科学历，就能去考证了"，这些事实充分说明了目前我国的远程教育系统在履行其重要的学历功能。

该文主体内容发表在《中国科学报》（2013-05-09）

远程高等教育要有强烈的危机意识

从改革开放以来，我国的远程高等教育有了长足的进步，取得了辉煌的成绩，为我国教育事业以及社会经济的发展提供了巨大的人力资本的支持。

从 20 世纪 90 年代以来，随着我国整个高等教育的大规模扩展，远程高等教育的规模同样也以成倍的速度不断变化着，为我国高等教育从精英化阶段顺利迈向大众化阶段作出了巨大贡献，并正在为我国从高等教育大众化阶段向普及化阶段迈进而积极努力。在过去的十多年里，远程高等教育除了在规模上有着巨大发展，在形式与类型上也有巨大的发展。从 1998 年开始，教育部就决定让普通研究型大学可以通过网络的形式提供远程高等教育，这成为我国远程高等教育系统中一直新的生力军。2011 年，教育部决定在原先广播电视大学系统的基础上成立国家开放大学，以进一步促进我国优质教育资源在广大社会成员中的共享和教育公平。这些都是我国远程高等教育的发展、转型与创新的重要举措。

然而，在远程高等教育取得巨大发展的同时，我们也要清醒地认识到，在不久的将来，远程高等教育可能会面临严峻挑战，甚至可以说是巨大的危机。

首先，我们前期的研究发现，虽然在过去的几十年内，我国存在着传统面授高等教育与远程高等教育共同促进的现象，也就是说，传统面授高等教育规模的扩大会有利于带动远程高等教育规模的扩大。但是，随着经济的进一步发展，这种共同促进将会出现翻转，使得传统面授高等教育规模的扩大会抑制远程高等教育的发展。这样，一方面传统面授高等教育在未来会继续扩大规模，另外一方面，伴随着我国人口结构的调整变化、新生儿的减少，人口需求带来的对高等教育的总体需求可能会降低。这两方面的因素将会使得远程高等教育面临极大的生源压力。

其次，经过笔者初步的数据分析发现，随着远程高等教育规模的扩大，远程高等教育对我国经济增长的促进作用不增反减，尤其是进入新世纪后，远程高等教育对我国经济增长的贡献变得越来越不显著。

再次，尽管目前我国远程高等教育能够给学习者带来比较可观的经济收益。比如经过测算，笔者发现接受远程本科教育将提升学习者的收入增幅约为49%~59%。但是随着我国高等教育整体规模的扩大，远程高等教育对个体学习者收入的提高效应也有着明显的下降趋势。

因此，笔者认为我国远程高等教育系统应该有强烈的危机意识。目前，社会上已有不少人将远程高等教育当作低质量传统面授高等教育的替代品。随着整体高等教育规模的扩大，远程高等教育的社会需求、远程高等教育对经济的促进作用以及对个体学习者的收入提高效应都有持续下降的趋势。如果不提前做出准确的规划与布局，远程高等教育将面临严峻的生存危机。

鉴于此，笔者建议远程高等教育未来的发展应该在体现自己在跨越时空限制、课程资源、教师资源具有相当灵活性等特色方面作为突破口，加强教学质量的评估与保障，提升自身的核心竞争力，避免与传统面授教育进行同质化的竞争。如果真的能够办出有自己特色的、高质量的教育，远程高等教育系统不但不会在与传统面授高等教育的竞争中面临被淘汰的危险，而且还有可能会形成和传统面授高等教育相互补充、相互促进的良好格局。

该文主体内容发表在《中国科学报》（2014-2-27）

应该关注远程教育的公平问题

　　近两年来，大学公开课、慕课成为世界范围内学者、政治家、商业精英以及社会民众共同热烈议论的话题。很多人认为这可能揭示着远程高等教育新纪元的到来。目前对于大学公开课、大规模开放在线课程的讨论主要是聚焦于其对传统面授高等教育、传统大学的冲击，但是很少有人去讨论这些开放课程可能对教育公平产生的影响。然而，在笔者看来，非常有必要关注这次远程教育的发展浪潮可能带来的教育公平问题，尤其是关注那些弱势群体是因此获得了更多的受教育机会，还是和强势群体的受教育机会之间的差距会越来越大。

　　关心远程教育的读者应该知道，远程教育在产生之初就致力于促进教育公平，特别是希望能够给偏远、贫穷的农村地区的人群提供更多的受教育机会，解决地区发展不平衡的矛盾。很多政府组织以及国际组织，也认为远程教育要为弱势群体提供更多、更好的教育机会，认为远程教育要致力于帮助弱势群体走出社会困境、为他们提供向上流动的机会。因此从 20 世纪以来，很多国家与地区都大力开展各种形式的远程教育。

　　尽管提供远程教育的主要目的是促进教育公平，但不知道什么原因，很多学者与民众在讨论教育公平时，却都是关注于传统面授教育，而忽视了远程教育的公平问题。最近笔者以及其他研究者一起专门分析了我国远程高等教育的发展与地区间的教育公平问题。

　　然而，结果却让人有些失望。我们通过计算 2003—2008 年我国省际远程高等教育和传统面授高等教育招生人数的基尼系数，发现随着我国整个高等教育的大规模扩展，在提升地区间的高等教育机会公平方面，远程高等教育做得还不如传统面授高等教育那么好。更令人担忧的是，在西部地区也就是经济欠发达地区，远程高等教育的地区不公平现象还有进一步恶化的趋势。

因此，尽管远程教育具有跨越时空，跨越学校围墙、教室的优势，使得弱势群体、偏远地区的学习者能够更加便捷地获得更多的受教育机会与更好的教育资源，但是如果没有相应的制度保障与资助政策，很有可能弱势群体、欠发达地区的群体反而会陷入"数字化鸿沟"不能自拔，处于更为弱势的地位。这显然不是远程教育的政策制订者以及广大民众希望看到的事实。

目前慕课在全球方兴未艾，尽管慕课的课程是免费的，但是很多商业机构已经对此跃跃欲试，期望从中找到巨大的获利商机。国际上著名的远程教育专家约翰·丹尼尔爵士（Sir John Daniel）在其一个学术演讲中列举了慕课八种可能的商业盈利模式，其中最少有三种盈利模式都是专门针对学习者收费的，包括：学习者虽然不要为课程学习付费，但要为毕业证书付费；学习者虽然接受在线课程是免费的，但是要为课程辅导或者作业批改付费；学习者甚至要为课程学习本身付费，比如要为教材付费等。

因此，可以预见的是，弱势群体在免费的大规模在线课程面前，首先要掂量一下自己是否有足够的财力能够为教学过程的不同环节付费，或者思忖为之付费是否划算。这就会带来教育公平的问题。除此之外，弱势群体在接受在线学习时还可能遇到一系列别的问题（比如初始学习能力的问题），这些问题都有可能会让弱势群体在慕课面前止步。

鉴于此，非常有必要未雨绸缪地对慕课可能会给教育公平带来的影响进行相应的研究与评估。根据研究与评估结果，相关教育行政管理的职能部门以及提供远程教育、开放在线课程的办学机构，就应该针对弱势群体制订相应的资助政策与教学方法，比如在学习过程中如何给予弱势群体在学费（比如上述所提及的三种盈利模式中学习者可能需要为学习支付的相关费用）、上网条件与费用、在线学习方法的掌握、克服在线学习的心理障碍等方面给予支持，以免弱势群体无法跨越在线学习的财政以及初始学习能力的门槛。

总之，不管是慕课还是对于整个远程教育而言，政府、学者以及整个社会都应该对其相关的教育公平问题给予广泛而且深入的关注，以免让一个本来能够有效促进教育公平的教育子系统反倒成为一个扩大教育不公平的"帮凶"。

该文主体内容发表在《中国科学报》（2013-07-25）

顶尖研究型大学难成慕课主角

前段时间应国际著名远程教育专家约翰·丹尼尔爵士的推荐，我作为一名关注慕课的大学教师以及研究人员接受了哥伦比亚大学教育学院"慕课的成本—收益分析"项目组组长菲奥娜·奥朗（Fiona Hollands）博士近一个小时的电话访谈。在访谈中，菲奥娜希望我尽可能想象如果我要参与制作开放在线课程，我会如何进行，会增大多少工作量，又会得到什么样的收获？

我努力想象，发现如果我要参与制作开放在线课程，将投入巨大而且额外的时间与精力在其中。比如为了给不同学业基础的学习者备课，就得比现在备课耗费最少三倍的时间与精力。我曾经有过给幼儿园小朋友上故事课的经历，当时为了能够找到一张有助于小朋友理解的图片、一个小朋友能够理解的词，真是煞费苦心。目前在传统面授课堂上，为了保证达到良好的教学效果，我经常在课下花费大量时间与学习者进行与课程相关的交流与沟通，而这还是小班教学；如果真的是主持开放在线课程，那么线下的与众多学习者的交流肯定会吞没我大量的时间。而我的收获，可能就是两个，一是在世界上更加有名，二是能够在不同背景的学习者中获得"教学相长"。但是，这两个收获，在我看来，不投入慕课同样可以获得。比如，作为授课教师参与更多的培训以及与更多国内外高校的学生进行学术交流等，如果我不花费大量的时间用于备课以及与学习者的线下交流，显然我的课程受欢迎度就低，学习者就少，那么我投入开放在线课程的收获就微乎其微了。

所以，我对菲奥娜说，如果没有相当给力的激励机制，我自身参与在线课程的动机并不会很大。菲奥娜问我，如果我主持一门开放在线课程，会多久更新一次内容，我说肯定每年甚至每学期都得更新一次，否则可能很快就会招致学习者的"差评",那就麻烦了。我反问她,她觉得开放在线课程应该多久更新一次,她说她也不清楚。

需要告诉读者的是,上述问题目前其实是牵扯到一个慕课未来发展方向的问题。按照约翰·丹尼尔爵士的看法,其实慕课作为一种新的教育传播方式,目前对其较为准确的定义与描述都还远未有定论。按照目前实践的情况来看,慕课包括两种理念截然不同的模式,一种称为"c慕课",另外一种是"x慕课"。"c慕课"是以联通主义理论(connectivism)为哲学基础,强调在教学过程中的知识创新与生成。而"x慕课"是以行为主义理论(behaviourism)为基础,强调大规模复制知识并进行传播。

显然,对于"x慕课"而言,教师的投入就相对少得多,但问题是对于研究型大学的老师而言,投身于"x慕课"对其学术的增益可能实在有限,他们怎么会拿出宝贵的时间放在"x慕课"上呢?同样的逻辑,对于研究型大学而言,其投资大量资源(包括宝贵的师资资源)放在"x慕课",收获极其有限,还不如将资源投入到社会培训上,后者同样能够扩大学校的影响力、声誉,最为重要的是还能有可观的收入以补贴学校的教学与科研。

反之,对于"c慕课",教师的投入就相对多得多,尽管其收益对于研究型大学及其老师而言也会大得多,但是要想让研究型大学成为"c慕课"的主角,那实在是难为这些大学及其老师了。试想,现在国内的一些顶尖研究型大学连在假期对外开放参观都心有余而力不足,更遑论让教授们投入巨大的时间和精力用于"c慕课"。

因此,无论是"x慕课"还是"c慕课",都不是研究型大学的优势所在。研究型大学的核心竞争力就是其一流的师资,如果某所研究型大学将其一流师资的时间与精力过多耗费在慕课上,可以预见的是这所大学的声誉、影响力与排名更有可能是急剧下滑而不是上升。这个逻辑就决定了顶尖研究型大学不能也不会成为慕课运动的主角。

当然,我并不是说顶尖研究型大学应该成为慕课的旁观者,他们同样应该积极参与其中。那么慕课的主角应该是谁呢?

近两年慕课成为一股热潮,更多是来自高科技公司的宣传与呐喊,比如谷歌公司就是其中之一。因此,我的判断是:应该是这些高科技的公司成为慕课的主角,由他们去寻找解决成本—收益、盈利、可持续发展的模式与道路，并且整合社会中不同的资源（比如金融资源就必不可少），来推动慕课的发展，造福于整个社会。

就如同科学研究与专利能够极大推动社会的进步与人类的福祉，但是大学尤其是研究型大学最多只能成为研究本身的主力军，而无心、无力也没有必要去做随后的产业化与市场化一样。因为社会需要分工，需要各司其职。相信如果慕课真的能够做到让大学的围墙消失，大学尤其是传统的研究型大学依然不能也不会成为慕课运动的主角，而是在热情参与的同时依然将大部分的精力放在科研、小班教学与辅导研究生上。

其实，慕课的理念与实践早就有了。知名国际远程教育专家托尼·贝茨（Tony Bates）甚至认为："x 慕课"采用的是一种依赖于信息传递、计算机对作业评分和同伴评价的非常古老的、过时的行为主义教学法；"x 慕课"运动并没有创造出自己独特的网络学习方式和有用的技术，这些所谓的新技术早在四十年前就在远程学习领域为大家所熟知了。

作为一名了解一些教育技术、远程教育发展历史的大学老师，我对于慕课的未来倒不是很悲观，相反还抱着审慎的乐观。最后，我希望借用约翰·丹尼尔爵士的一句话结束本文："当我们试图让慕课实现真正改善教育的目标而不是仅成为教育技术发展过程中的又一个昙花一现时，应该谨记之前众多令人失望的概念炒作背后的原因。"

该文主体内容发表在《中国科学报》（2013-08-22）

慕课的发展需要金融资本的助推力

前段时间，笔者参加一个学术论坛，与会的学者热烈讨论起慕课和目前已有的远程教育两者之间的关系。与会者虽然对两者之间的关系持有不同的观点，但是都一致认为慕课和目前已有的远程教育网络课程相比较，有着两个方面的特征：其一是对所有学习者的开放性；其二是拥有更大规模的学习者。

这引发了笔者更进一步的思考。那就是我们该如何才能保证慕课的这两个特征能够长久兼得呢？要实现对所有学习者的开放，就暗含着课程学习的大部分环节都应该是免费的；而要保证超大规模的学习者来学习课程，课程的质量显然要是一流的、教学支持服务也应该是一流而且及时的而要保证课程质量以及教学支持服务的一流，肯定就要有大量的资金投入。但由于课程学习的大部分环节又是免费的，这里就存在巨大的资金缺口，如果这个资金缺口不能得到有效的填补，显然慕课就很难持续。

目前，慕课正赢得世界范围内的广泛关注，如果想进一步发展，光靠社会关注显然是不行的，而必须要有海量的、对课程满意度较高的学习者群体存在，否则慕课将很快会成为又一个被炒作的概念，难以逃脱被社会抛弃的命运。然而，慕课要想从起步阶段发展到拥有海量的、稳定的学习者群体的阶段，这个发展阶段的成本投入将会是巨大的、递增的而且必须是持续的；只有一旦形成海量的、稳定的学习者群体，有了规模效益，这个成本投入才可能降下来。因此，在慕课这一发展的关键期，急需巨大资金的投入。高校自身很有可能无法拿出巨大的资金投入到这个和日常的教学、科研距离有点远的事务上来。

这个时候，高校想推广、打造慕课，可能就需要外界金融资本的支持。

其实，目前有一些慕课的实践平台就已经有外界金融资本的深度介入了。比如 Udacity，这是一个大学学者以私人名义注资成立的教育组织，其目的除了对外提供免费的课程外，还有一个重要的目的就是营利。Udacity 成立的时候，就吸引了风险投资的注资，而且现在还有谷歌、微软等大型 IT 企业为其提供资金与各种教学资源的支持。

当然，目前有些比较知名的慕课平台，比如 Coursera，EdX，并不是营利组织。但是即使如此，Coursera 也已经获得多轮风险投资的注资。这里还有必要单独说一下 EdX。EdX 现在主要依靠麻省理工学院和哈佛大学进行资金支持。而且，麻省理工学院在 EdX 创立之初，就高调宣布 EdX 并不是为了商业目的存在，而是自己大学课堂的延伸。但笔者在这里斗胆预测，EdX 要想发展，外部金融资本的介入将是迟早的事情。因为，要想推广慕课的理念，真的让世界范围内的学习者能够享受世界顶尖大学的优质教学资源，单凭这些大学自身的投入显然远远不够。

因此，虽然目前 Udacity 并不如 EdX 那样知名，但笔者却更看好前者这样的运营模式，而且尝试预测前者这样的运营模式将会是今后慕课的主流发展模式。这个模式就是由世界一流大学的老师来讲授课程，但是背后有大学之外的、巨大的金融资本与教学团队作为支撑，以保证整个慕课的运作能够起码实现收支平衡。当然，金融资本的介入方式多种多样，比如可以是风险投资，也可以是高校成立独资或者合资企业；既可以是由非营利组织来运作、背后由金融资本作为支撑，也可以就由金融资本成立营利性的组织来运营，还可以是营利性的组织组建非营利的机构来运营，等等。

尽管很多大学推动慕课的初衷并不是营利，尽管可能大学本身会本能、天然地对金融资本有敬而远之的态度，但是慕课的两大特征（开放与大规模）就决定了必须要有金融资本的加入。因此，笔者期待国内的相关企业、金融资本尽快加入慕课这一发展潮流中，为推动全民更便捷地享受世界一流大学的教学资源而努力。与此同时，笔者希望并且相信，世界一流大学会以更加开放的心态接受金融资本的合作，以向社会更好地提供开放的大规模在线课程。

该文主体内容发表在《中国科学报》（2013-10-31）

是否发展慕课，应与大学自身的定位一致

随着慕课在全球范围知名度的攀升，目前一些知名大学对于自己是否要加入慕课发展的潮流态度逐渐鲜明起来。有些大学，在美国哈佛大学、斯坦福大学、麻省理工学院等顶尖大学参与慕课发展，之后明确表示要发展慕课，并且开始投入相关的资源，进行相应的布局了。比如英国的爱丁堡大学、英国开放大学、伦敦国王学院、伯明翰大学等，中国的清华大学、北京大学、香港大学、香港科技大学等。而有的大学却在经过慎重考虑后很坚决地对慕课说了"不"，比如美国的艾姆赫斯特学院。

艾姆赫斯特学院在美国是一所一流的文法学院，在 2004 年的美国文科大学中综合排名第一，美国总统卡尔文·柯立芝就是这所大学的校友。这所大学实力不俗，却不像哈佛大学、斯坦福大学、麻省理工学院等大学那样具有巨大的世界声誉。如果按照慕课有助于大大提高大学的知名度与声誉的逻辑，艾姆赫斯特学院应该借助慕课的助推力，好好谋划自己的"世界知名"路线。但是艾姆赫斯特学院为什么明确表示自己不会加入各种慕课联盟呢？

是不是因为艾姆赫斯特学院资金不够雄厚、没有足够的财政基础支撑慕课呢？显然不是的，因为这所大学是全美最富有的大学之一，近年来每学年由自己校友捐赠的总资金就能达到近 9 亿美元。这所大学对自己的学生也非常慷慨，在教学上敢于花钱，被称之为"最慷慨的大学"。那么，是不是因为这所大学师资紧张、没有丰富的师资制作慕课呢？显然也不是的，这所大学以师生比出奇的低而闻名，每 12 名学生就能配备 1 名教师，全校平均课堂人数仅为 19 人。

可见这所大学是一所高水平、财力相当雄厚的大学，而且这所大学追求

的就是精英化的高等教育，要求对每一个学生都做到个别关注与精心指导。这就能够很好理解艾姆赫斯特学院会对慕课说"不"了。因为慕课的"大规模""开放"等理念与其立校的根本理念是相互排斥的，如果真的要发展慕课，很有可能会对整个学校师生的核心价值观产生巨大的冲击。

艾姆赫斯特学院的例子其实能够为我们国内很多正在为是否发展慕课而纠结的高校提供很好的借鉴意义。虽然，发展慕课能够给自身带来一系列的收益，包括有助于保持或者提升自身的知名度、整合自身各种资源、提高自己的教学水平、吸引高质量的生源前来就读，大规模的学习者的数据有助于各方面的研究等。但是，大学发展慕课，也要承受巨大的成本，包括建立平台、制作课程等直接成本，更为重要的是要投入大量高水平的师资这一巨大的机会成本。

因此，大学在决定是否发展慕课之前，最好先做一做成本—收益分析，如果大学觉得发展慕课的成本大于收益，那最好还是不要着急上马。如果觉得收益大，也不能光注重收益就上马，还要审视一下发展慕课是否和自身的办学方针与方向相一致。如果不一致，那很有可能会出现"捡了芝麻、丢了西瓜"的尴尬局面，严重的甚至可能会将自己学校的立校之本给丢失了。

笔者认为还有一些世界顶尖大学，比如牛津大学、剑桥大学等，目前仍然没有做出是否发展慕课的决定。很有可能就是还在进行成本—收益的分析，还在判断发展慕课是否会对自身的基本办学理念产生冲击。毕竟无论是一个大学，还是一个企业，甚至一个国家，都要秉持"有所为、有所不为"的发展原则，将有限的资源用在最需要的地方或者最有可能获得突破的地方，只有这样才能保持自己的领先地位或者实现超越。

最后，笔者期望中国一些大学能够在慕课面前保持清醒，避免做出"吃力不讨好"的事情，而有些大学能够很好通过慕课的布局，推动世界一流大学建设的巨大进展。

该文主体内容发表在《中国科学报》（2013-12-26）

慕课并不会给大学带来本质的变化

慕课除了这个名词外，其理念与背后的理论，在研究者眼中其实不是一个新事物，只不过由于互联网技术的迅速发展以及互联网的极大普及，使得其影响一下子就形成了"海啸"。比如，一下子很多著名高校和教师都投入其中，很多企业家、金融资本也非常看好慕课的发展前景，更不要说海量的学习者了。

慕课发展如此快，自然会遇到一些挑战与非议，比如关于辍学率高、学分不能认定等。但是，我认为这都不是慕课的缺点。海量学习者必定带来辍学率高，这是一个硬币的两面，所以这并不是慕课的缺点，而是其影响规模大的优点所伴随的一个额外特征罢了。学分不能认定，这不仅仅是慕课的学分不能认定，而是大多数学分都不能得到认定，所以算不得慕课的缺点。

我本身非常看好慕课，但我坚持认为慕课并不会给大学带来本质的变化，大学依然会按照其自身的逻辑运行。而且，顶尖大学很难成为慕课的主角，因为其最主要的职能依然是顶尖人才培养与高水平研究。但慕课会推动大学与外界的联系与互动，这个外界包括大学围墙外的学习者以及企事业单位与社会团体。

慕课的发展不是要改变大学，而是要推动全民的终身学习，这才是慕课的本质所在。所以接下来，应该是鼓励产业界全面介入慕课，利用产业界的"跨界"推动慕课在全民的普及，同时利用慕课推动学分互认进程的推进。

这是回答《中国科学报》记者关于慕课年度总结的思考（2015-12-24）

远程教育"宽进宽出"无可厚非

目前，国内高校网院之所以会有"宽进宽出"，是因为本身国内普通高校对远程教育的学生和传统面授的学生在招生、培养采取的双轨制决定的，两者的招生机构、培养机构、培养目标都不一样，非常有可能导致最终的文凭含金量、社会认可度产生天壤之别。一旦文凭含金量、社会认可度产生了天壤之别，就很难再要求远程教育的学生不"宽进宽出"了，这样一个闭环反馈就形成了。

要想打破这一闭环反馈，那么可能就要求远程教育和传统面授的并轨，无论是招生环节、培养环节还是培养目标与标准都完全并轨，只在培养方式上有差异。但显然目前要做到这点是很难的，毕竟"宽进宽出"的现象背后是巨大的社会需求。如果将来随着我国高等教育规模的进一步扩展，高等教育不再那么稀缺了，那个时候并轨就可能是一件顺理成章的事情了。

这是回答《新京报》记者关于远程教育"宽进宽出"现象的思考（2013-07-08）

学分银行将推动"人口红利"
向"人力资本红利"的转型

随着我国老龄人口比例的不断提高以及人口数量上的红利濒临消失，从人力资本角度挖掘新的人口红利，逐渐成为社会各界的共识。然而，要实现"人口红利"向"人力资本红利"的转型，一个很重要的前提条件是能让所有的普通人更加容易地获得接受教育的机会。因此，时代的需要呼唤一个更为灵活、能够和劳动力市场实现无缝连接的教育系统，使得任何一个普通人能够克服时间、金钱、距离的限制，在自身方便的时候实现在教育系统与劳动力市场之间的转换，以促进整个社会人力资本的快速提升，进而为中国接下来持续的、高质量的经济增长提供新的动力。

学分银行就是一个能够帮助学习者实现在教育系统和劳动力市场之间灵活转换的体系。目前，国际和国内都有了一些学术讨论。虽然对于学分银行，不同的学者有不同的观点，但是笔者认为，在以下方面还是具有广泛共识的。

学分银行是一个以学分制度为基础的、开放式的终身教育体系，对公民经由不同经历所获得的学习成果进行评估、认证并转换成学分，将其存贮在个人的学分账户上；经过学分的不断累计，如果达到了一定的标准，可以换取相应的学历或职业资格证书；学分银行的建设与发展旨在为全体公民提供最大化和多样化的教育机会，并最终推动终身教育体系与学习型社会的建设。

学分银行将给普通学习者带来一系列的便利或者说收益。

其一，有了学分银行的支持，学习者就可以将自己在生活与工作中很多碎片化的时间充分利用起来，用于学习一个个的知识点、课程单元以及一门门的课程；学分银行通过将学习者这些间断的、碎片化的学习成果进行评估、认证并转化为学分，存在学分银行的学习账号中。这样就降低了很多学习者学习的准入门槛。而学习门槛的降低，必将促进学习者将更多的时间用在学习上。

欧盟的实践就证实了上述论断。欧盟自推行和学分银行类似的职业教育与培训学分系统以来，公民在职参加教育与培训的时间大幅度增加，无论是正式还是非正式的教育与培训，公民的平均学习时间均提高了十倍有余。

其二，每个学习者的人生轨道并不一致，不同的学习者在不同阶段对学习、工作与生活有不同的偏好与需求。要求所有人在同一时间段对学习采取相同的选择，很有可能会给很多学习者带来巨大的困扰与障碍。学分银行的出现将使每一个学习者按照自己的偏好安排特定的学习计划，并且可以根据情况的变化自由做出调整，这样学习者就有了充分的学习自由度与灵活性。学习者能够根据自身需求与实际情况，制定个性化的学习计划与进度，并选择适合的学习时间、学习地点与学习方式来促进自身的发展，学习效率必将得到大幅度提高。

其三，现代社会，流动、迁移已经成了一种常态。如果没有灵活的学分积累与转换机制，那么学习者在某个时间段、某个地方所接受的正式或者非正式的教育或者培训，一流动或者迁移，往往就面临失效的命运。如果几次三番，学习者不得不反反复复从零起点重新学起，就必然会严重打击他们的学习积极性。这就会直接增大学习者的辍学概率，导致极大的学习浪费。然而，如果可以将之前的学习成果转换为学分存入学分银行，学习者便可以毫无顾虑地以自由的时间、地点与方式选择投入到任何适合自己的学习中去，这就能大大降低学习者的辍学概率，减少学习浪费。

可见有了学分银行的支持，学习者能够降低自己的学习准入门槛，提高学习的投入时间；可以增加学习的灵活性与自由度，提高学习的主动性与效率；可以降低学习者的辍学概率，减少学习浪费。这就将大大提升学习者教育投资的私人收益率，进而会进一步激励学习者加大对人力资本的投资。与此同时，随着教育私人收益率的提升，教育的社会收益率也会相应提升，政府和社会也有动力投入更多的资源到人力资本中去。

在学分银行的支持下，整个社会的人力资本投资都会提高，这就能保证我国在人口红利逐渐萎缩的情况下，人力资本红利得以成为继续推动中国的经济社会发展达到一个新的历史高度的时代新引擎。

可见学分银行是一件利国利民的制度设计。鉴于此，笔者期待也预测在不久的将来，学分银行的建设必将在中国取得实质性的进展，能够实现我国"人口红利"向"人力资本红利"的顺利转型、升级。

该文主体内容发表在《中国科学报》（2014-01-23）

建立"学分银行"体系有助于提高
慕课的社会需求

自 2013 年 8 月 22 日笔者在《中国科学报》发表了文章《顶尖研究型大学难成慕课主角》后，这段时间有好多身边的好友、一些媒体的记者以及网络上一些不知名的网友询问笔者是不是对慕课的发展持悲观态度。对此笔者总是回答说："不是呀，在文章中就明确提到我的态度是'审慎的乐观'呀。"但是，这段时间笔者的确也一直在思考慕课未来可能发展的前景，认为慕课如果没有旺盛而且持续、稳定的社会需求，它的未来还真不容乐观；也就是说，只有大幅度提高慕课的社会需求，慕课才能蓬勃发展，否则慕课就必将会沦为一场没有根基的喧嚣罢了。

那么，怎样才能提高慕课的社会需求呢？笔者最近在做一些"学分银行"的研究，在阅读"学分银行"的相关文献与材料时，突然觉得如果能够在全国范围内或者起码在一个较大的范围内建立起"学分银行"系统，将会有助于大大提高慕课的社会需求。"学分银行"是在知识经济、终身教育思潮下兴起的一种学习制度上的顶层设计。"学分银行"的建设是希望突破不同类型、不同层次的教育子系统的界限，将学习者通过各种不同学习途径获得的学习成果进行自由存储，然后通过学分的认证、评估、转换达到自由汇兑学分，从而实现"学分"在整个"学分银行"体系中的零存整取，帮助每一个学习者最终实现在不同类型、不同层次的教育子系统的"无缝连接"。

目前世界范围内许多国家和地区（比如韩国、加拿大、欧盟等）已经有了很多关于"学分银行"的实践。关于"学分银行"的名称、定义与内涵，学者之间也有不同的观点与看法，但一般认为，顾名思义，"学分银行"应该起到和货币银行相似的功能，只不过货币银行是存储、兑换货币，而"学分银行"却是存储、兑换学分而已。

打个比方，如果在中国建立起了一个比较完善的"学分银行"体系，那么一个理想的制度设计可能实现如下情景：（1）一个学习者在某个城市的一个高职高专通过学习拿到了10个学分，这个学习者可以将这10个学分存储起来。（2）如果这个学习者由于种种原因暂时中断了在这所高职高专的学习，迁移到别的城市，他或她在"学分银行"存储起来的学分一直有效。（3）如果这个学习者又想去另外一所高水平的研究型大学学习，那么他或者她可以将存在"学分银行"中那10个在高职高专获得的学分，通过"学分汇率"兑换为这所高水平研究型大学的学分，比如就兑换为这所高水平研究型大学所认定的5个学分。（4）假设这个学习者在这所高水平研究型大学又通过学习获得了15个学分，他或者她在"学分银行"的学分就通过加总获得了这所高水平研究型大学认定通过的20个学分。（5）这样，这个学习者就不会因为中断学业而导致前期获得的学分失效，而是不断兑换累加。（6）这个学习者通过不断地零存整取"学分"，当他或者她的学分达到了某所高校所设定的学分要求时，他或者她就可以将其所有的"学分"取出来，去这所高校兑换学位。

如果一个比较完善的"学分银行"体系真的建立了起来，所有有资格提供慕课的机构将可以通过"学分银行"体系而链接起来成为一个学习子系统。任何一个学习者在任何一个有资格提供慕课的机构修的学分，都能存储起来，随时可以去别的有资格提供慕课的机构进行认定、兑换。这将大大提高那些千千万万希望通过慕课的学习最终获得相关学历的学习者的学习积极性与学习需求；而且这部分学习者可能是慕课最为忠实、最为稳固、最肯投入、最有可能最终通过课程要求的那部分学习者。一旦这部分学习者的学习需求调动起来，可以想象的是，令人担忧的慕课的课程通过率将会得到大幅度提升。更为重要的是，慕课的盈利模式也就顺势水落石出了，比如拿学分、学分认定、学分兑换就都可以成为付费与收费、消费与投资的环节，这样慕课的可持续发展问题也就迎刃而解了。

当然，"学分银行"体系本身的建设也不是一件容易的事情，而且可以说比单纯开设大规模开放在线课程的难度高出不知道多少倍。要建成"学分银行"体系，要协调不同的学校、不同的教育子系统甚至教育系统以外的方方面面。而慕课的发展很有可能反过来可以促进"学分银行"体系的建设，因为慕课由于课程标准相对而言更加容易统一，因此在学分的认定、兑换上也就更为容易一些。一旦"学分银行"在慕课上形成突破口，"学分银行"同样就会有更加稳固的基础与"用户"群，也就更有可能尽快走上可持续的发展路径。

由此可见，一方面"学分银行"能够大幅度提高慕课的社会需求，另外一方面慕课的学习者能够成为"学分银行"的稳定客户源，慕课和"学分银行"完全可以形成互相促进的共赢局面，共同为终身教育体系、学习型社会的建设，为我国早日成为人力资源强国而发挥重要作用。

该文主体内容发表在《中国科学报》（2013-10-10）

构建"学分银行"体系，推动京津冀教育一体化

最近笔者和合作者做了一项研究，有了以下发现。

首先，对于全国的样本而言，我们发现最终拿到学士学位的远程教育学习者仅有不到一半，远远低于传统面授教育的这一比例86.3%。这是比较容易理解，而且也符合大众常识的。我们又专门对京津冀地区的学习者进行了分析，结果就有点出人意料了。我们发现对于传统面授教育而言，京津冀地区学习者最终拿到学士学位的比例更高（88.6%：86.3%）；但对于远程教育而言，京津冀地区学习者最终拿到学士学位的比例更低（34.6%：46.1%）。

这似乎存在着难以解释的矛盾。因为京津冀地区，无论是传统面授教育，还是远程教育，其高等教育的资源与质量显然都应该是高于全国平均水平的。因此，按照常理，无论是传统面授教育还是远程教育，都应该是京津冀地区的学习者最终成功拿到学士学位的比例显著高于全国平均水平。那么为什么京津冀地区的远程教育学习者拿到学士学位的比例显著更低，甚至比全国平均水平显著低了十多个百分点呢？我们认为，这应该足够引起京津冀地区远程教育办学机构和相关教育行政管理部门的重视。根据进一步的数据分析和访谈分析，我们提出一种可能的解释，就是由于京津冀地区的工资水平更高、工作机会更多，导致京津冀地区的远程教育学习者更有可能为了工作而放弃继续就读远程高等教育的机会。

那么，在当前，我国加强人才红利建设、在京津冀地区一体化建设的大背景下，能不能有个机制能让京津冀地区的远程学习者即使在面临工作压力、工作变动、进行事业发展的同时，即使工作地点或居住地点都发生了变化，依然能够保证其在工作告一段落后，再继续学业直至最终拿到学位呢？或者

说，我们是否能够建立这样一种机构或者机制，让学习者将自己的学分存储起来，甚至可以去别的教育机构、别的地域进行学分转换，然后将所有学分积累、兑换成学历或者学位证书？

其实目前世界范围内，许多国家和地区（比如欧盟、加拿大、韩国以及中国香港地区等）已经有了相关的制度设计或者体系建设，比如在韩国就称作"学分银行"。目前国内也有一些地方开始了这方面的实践尝试，比如上海就建成了一个面向上海学习者的上海市终身教育学分银行。目前上海很多所普通高校、普通高校继续（成人）教育学院、独立设置成人高校以及高等教育自学考试系统均加入了上海市终身教育学分银行这个大系统中。

非常遗憾的是，目前，作为首善之区的北京却没有一个相类似的覆盖全市的"学分银行"体系，而且北京地区的很多学习者对相关体系的了解与认知都非常欠缺。笔者与合作者曾经与国家开放大学北京直属学院的近十个学习者进行访谈。尽管他们都表示自己无论多么艰难都会坚持学习直到拿到学位，但也都坦诚地认为北京的工作节奏很快、工作压力很大，要想在工作之余还坚持学习，实在是不容易。而他们当中几乎所有人都没有听过"学分银行"或者相类似的体系。在听取了"学分银行"及类似相关体系的介绍后，所有的受访者均表示非常欢迎这样的体系建设，并且愿意为此支付相关的费用；并认为这样的体系的确会有助于学习者的学习，而且将极大促进更多学习者进行终身学习。

鉴于此，我们认为北京市应该加快关于远程教育的学分存储、积累与转换的系统建设。并且，在京津冀教育一体化的大背景下，应该着手建立起一个覆盖整个京津冀地区的远程教育的学分银行体系。如可以让京津冀地区的开放大学、广播电视大学、成人高等教育机构、各高校的网络学院、继续教育学院等先通过签署协议建成联盟，首先实现学习者学分信息的共享与共管，然后再试行学分的转换与兑换。一旦这一体系建立起来，必将极大促进京津冀地区远程教育、成人教育学习者的有效学习，而这是欧盟已经发生的事实。随着这一体系的不断发展与成熟，京津冀地区的远程教育、成人教育学习者也将能够通过跨区域的学分存储、转换与兑换顺利拿到学历与学位，这也必将提高整个京津冀地区的教育资源整合程度，进而减少教育资源的浪费，提高教育的效率与效益，极大促进整个京津冀地区一体化的进程。而且，可以预计的是，一旦这个体系在京津冀地区建成，京津冀地区远程学习者拿到学士学位的比例将显著提升，不会再低于全国平均水平。

　　在此，笔者强烈建议先在北京市建立起远程教育与成人教育的学分银行体系，将北京市地区的远程教育与成人教育的学习者信息管理整合起来，然后再将相关的教育资源整合起来。然后，利用京津冀一体化的时代契机，迅速将这一体系扩展到整个京津冀地区。同时，这一体系也会反过来形成一个正反馈，来促进京津冀一体化的进程。

　　　　　　　　　　　　该文主体内容发表在《中国科学报》（2015-11-05）

第六篇 **06**

| **教育公平** |

降低高考难度？请慎行！

　　新学年开学之际，关于教育的各种话题又铺天盖地而来，而《人民日报》官方微信公众号也应景式地转载了一篇短文《孩子，我宁愿欠你一个快乐的少年，也不愿看到你卑微的成年》，很快和这篇文章相关的话题就在"知乎"上引起了热议。这篇短文大致是对于中小城市的经济水平中等及其以下的家庭而言的，如果孩子不通过加倍的努力学习考上不错的大学，那么等这些家庭的子女成年后，他们面临的生存压力将是巨大的；所以为了孩子未来的幸福，这些家庭还是应该督促孩子努力学习，目标就是考上一所不错的大学。在"知乎"上对这篇文章的讨论更加激烈，"中国并不是只有几百万的富人，一两个亿的中产。还有比他们多得多的低收入者，当这些低收入者进阶无望的情况下，暴力，可能是唯一改变的办法……当穷人失去希望，他们不会放弃挣扎，他们会重拾暴力"。

　　笔者出生在 20 世纪 70 年代，父母是小城市的普通双职工，从小就是听着父母"要努力学习，考上大学才有出路"的话长大。笔者很幸运最终通过努力获得了去知名大学念书的机会，再通过努力读了硕士和博士；然而身边的很多亲戚、朋友甚至自己的姐姐，由于没有上大学，现在的生存压力都是蛮大的。所以，当笔者看到"知乎"上的上述讨论文字时，并不觉得是危言耸听，相反却有强烈的共鸣。

　　根据著名历史学家钱穆先生的观点，自从隋唐设立科举制度以来，教育和考试一直是中国底层人民打通上升通道最主要也是最能够带来社会效益（包括政治与领土统一）的社会机制。对于中国这样一个幅员辽阔、人口众多的国家而言，无论如何都要让底层人民看到自己能够通过教育获得上升的机会，否则执政阶层将失去合法性，社会也很快将会发生剧烈动荡。

基于上述理念，降低高考难度将会带来一系列恶果。逻辑如下：如果简单将整个社会分为上、中、下三层，降低高考难度，受益最大的肯定是上层。因为降低高考难度，那肯定要增加别的选拔方式。无论是获得推荐、志愿者公益、科技、文艺、体育等，上层家庭的子女都由于其家庭具有强大的金钱资本、文化资本和社会资本，在面对中层和下层家庭的子女竞争时，具有绝对的、碾压式的优势；而只有能吃苦，是三个阶层的子女可以同台竞艺的比赛项目。所以，虽然高考难度保持相当的水平，会带来加重孩子学习负担、引发题海战术，甚至压制很多孩子的创新等一系列让人深恶痛绝的负面后果，但是却能让中下层的孩子在自己天生劣势相对最小的地方去努力，让下层的孩子看到向上流动的希望、让中层的孩子看到能够保持或者向上流动的希望，同样也会让上层的孩子与家庭知道自己如果不努力，自己的家庭不能轻而易举地利用已有的优势资源继续保持垄断地位。

如果高考难度不能维持在一个较高的标准，教育系统无法完成不同能力层次个体的筛选，而劳动力市场同样也无法做出这样的筛选，这样就会导致两个致命的结果，其一是阶层固化，其二是整个社会的竞争力与劳动生产率的下降。可见，高考难度下降，虽然能够给一些孩子带来快乐的童年与少年、能够让一些孩子更充分地发挥自己的天性与天资，但是受损的将是整个社会。

如果降低高考的难度，受益最大的肯定是上层家庭的子女，他们可以为自己将来获取高质量的高等教育与就业机会获得名正言顺的合法性。如果降低高考难度，可能会有一些来自下层家庭的子女由于概率的原因获得高质量高等教育的机会、最终实现向上流动，但是这会给整个下层传递一个信号，那就是靠自己努力没用、成功更多是靠运气。那么，这对整个社会而言，绝对是一种灾难。因为努力是一个社会向上的永远动力，没有努力，什么创新都是奢谈。还有更为关键的是，如果下层人民发现努力没有用，暴力反抗将至。所以，千万不能以各种名义降低高考难度，更不能妖魔化学习成绩，而是要继续营造努力学习才有可能成功的社会氛围。

总之，如果高考难度降低、如果让广大人群觉得努力学习没有用，受损最大的将是整个社会，重视教育、重视人力资本投资、尊重知识、吃苦耐劳、不反智的传统将迅速瓦解，而且阶层固化将一发不可收拾，并给整个社会带来缺乏流动的巨大隐患；毕竟通过考试而非通过推荐是人类社会经过惨痛教训摸索出来的选拔人才、促进社会流动的制度设计。总之，为了长治久安，降低高考难度，请慎行！

该文主体内容发表在《中国科学报》（2016-09-15）

给考生更多选择机会也在增加信息成本

　　近几年，关于高考改革新闻的讨论与言论时不时就进入社会大众的视野，比如浙江省高考改革将导致考生弃考物理的言论从 2014 年浙江省启动制定《浙江省深化高校考试招生制度综合改革试点方案》后就不断出现，一直到今年更是达到了一个高潮。于是乎，浙江省的相关教育部门在国庆节前专门发文辟谣，认为近三年来的浙江省报考物理的考生数并不如网上所传的那样骤降，因为 2017 年浙江省考生录取时选考物理的有 8.9 万人，占全部考生的 36%⋯⋯选考物理的考生本科录取率为 72%，比不选物理考生高 21 个百分点；在"985 工程""211 工程"高校录取中，选考物理的人数达到 74%（其中"985 工程"高校选考物理的人数达到 79%）。

　　该官方辟谣文为了安抚民众可能有的恐慌情绪，也指出来"科目选考人数不均衡现象已引起相关部门重视，正在研究完善办法⋯⋯实行选考难免会出现学生的'避难选易'和科目之间人数不均衡的情况。针对当前物理选考人数下降的现象，在教育部统一部署下，我省正在组织专家组就完善高校选考科目要求、完善选考科目成绩赋分办法等，进行深入科学的研究，并将会听取各方面的意见"。

　　本文无意讨论浙江省新的高考方案是否会导致报考某学科人数的骤降及其造成的更为深远的影响。本文想讨论的是科目选考本身及其可能造成的后果。2014 年，浙江省启动考生招生制度综合改革试点方案，本意是想让考生能够基于自己的兴趣与专长做出最有利于自己的规划与安排，避免擅长跑步的和擅长跳远的运动员却要在泳池中一决高低的共输局面，所以给考生更多的选择权。

　　这个初衷当然是好的，但是千万不要忘记了，选择一多，规则就多了；规则多了，要了解规则的成本就增加了。经济学对此有一个专有名词——信息成本。信息成本增加会给社会带来很多方面的负面影响。比如在西方选举中，如果底层民众不是很容易了解不同候选人不同执政方针的差异，让底层民众觉得去了解这些差异付出的信息成本远高于选出最终人选的执政可能给自身带来的收益，就会理性地选择不去了解候选人、进而不去参与最终的投票，这样选举信息成本的增加将导致底层民众放弃选举、富人喜好的候选人会胜出。再比如，如果法律条文多如牛毛，就会导致对法律的解释被律师等所谓的专业人士所操纵，官司会层出不穷、整个社会的信任水平下降。

　　对于高考而言，选择增多了，信息成本也就增加了。连浙江教育部门官方都承认"实行选考难免会出现学生的'避难选易'和科目之间人数不均衡的情况"，都要"组织专家组就完善高校选考科目要求、完善选考科目成绩赋分办法等"。那么可想而知，那些弱势家庭的考生在信息成本增加的情况下，就必然处于全面劣势了。本来，在选择单一、规则单一的情况下，弱势家庭的考生可以依靠刻苦与智商等劣势不明显的地方发力，通过自己的拼搏与努力，实现高考改变命运。然而，如果选择多、规则复杂，强势家庭可以动用自身已有的各项资源（包括智力资源、社会资源与金钱资源）将这些规则了如指掌，进而作出最优选择。那么弱势家庭的考生与家长就在复杂的考试选择与规则面前，面临极端的信息不对称，无法支付昂贵的信息成本，而无所适从了。毕竟现在社会上已经有不少由于报考志愿填写不当使得弱势家庭的子女即使考了高分也没有考上好的大学案例出现。如果更为复杂的考试、招生制度势必会给弱势家庭带来更大的困扰。久而久之，弱势家庭将不会是弃考某个科目，而是选择放弃高考本身了。如果真是那样，绝对是中华民族之大不幸也。

　　历史上，明朝的开国皇帝朱元璋在科举考试中推行八股文制度，就是将考试范围缩小到四书五经之内，让豪门子弟与寒门百姓尽可能站在同一条起跑线上，以减少豪门子弟对科举的垄断，增加寒门百姓的上升空间。因此，虽然八股文制度有很多负面因素，但是在促进公平方面却功效颇大。

　　所以，相关教育行政部门在制定高考招生改革方案时，务必对给考生更多选择会增加信息成本有清醒的认识，意识到增加考生的选择会是一把双刃剑，既要考虑到给考生更多的机会与选择，又要考虑到不会人为给强势家庭和弱势家庭带来新的制度上的不公平。毕竟，面对强势家庭的竞争，弱势家庭可以拿出来的核心竞争力并不多，只能是靠拼吃苦耐劳和幸运的天生智商了。要让弱势家庭的子女和强势家庭的子女一样，在学习与考试之外，还去考虑什么田忌赛马、博弈论与孙子兵法，只会是加速社会阶层的固化，进而给社会发展、民族未来埋下巨大的隐患。

该文主体内容发表在《中国科学报》（2017-10-10）

对明星高中碾压式优势的担忧

近日，各地的高考成绩陆续公布，随后各批次录取分数线相继公布，全社会对此持续高度关注。和高考、高招等相关的话题不断引爆微信、微博和各大门户网站，引发一波又一波的舆情。

笔者今年受学校号召，第一年参加招生工作，并且有幸到自己的家乡城市参加招生工作。笔者在招生之前做了各方面的准备工作，希望能够从家乡多招几个优秀生源。在分数出来之前，希望和我聊的考生与家长颇多，但是分数出来之后，和某网络热帖中描述的，清华和北大招生咨询点门可罗雀一样，考生和家长找笔者聊的也就寥寥无几了。因为家乡整个市能够裸分上清华和北大的人数似乎为零，能够有希望上的都是需要通过一些特殊计划或者特殊项目（比如飞行员班、苏区专项计划、贫困地区专项计划等）。

由于在家乡城市的招生工作很快就完成了，于是我又到达省会城市参与当地的招生工作。然后和其他几个招生老师沟通后，发现没有或者很少有学生能够裸分上清华、北大的现状，不仅仅是我家乡城市所独有的，周围的几个市的情况也好不到哪里去，而且这种情况已经持续多年了。好几个老师感叹自己母校曾经的辉煌——曾经丝毫不逊于现在的一些明星学校，现在却被这些省里的明星学校所碾压。

其实，这种情况大家应该早有耳闻。比如最近好几年，有很多媒体对不同中学高考成绩进行了总结，发现全国为数不多的超级中学、明星中学占据了令人瞠目结舌的高考优势。只是这是笔者第一年亲身经历，所以感触特别的深。和家乡城市教育行政部门的领导还有一些中学校长聊到这个话题，大致有以下三个方面的归因。其一，家乡所在城市曾经是有名的矿产资源产地，经济发达。有经济作为后盾，教育也颇为抢眼。然而随着矿产资源的枯竭，目前家乡所在城市的经济在全省属于下游，全市人口占全省人口比例下降，教育也随之处在全省的下游。其二，优秀教师资源严重流失，而又缺乏优秀青年教师的补充。在20世纪90年代，笔者高中母校的很多优秀教师（尤其是中青年教师）纷纷"孔雀东南飞"，而据家乡有些中学的校长反映，现在他们去省属师范大学招毕业生当老师，都很少有人愿意过来。其三，据家乡有些中学的校长反映，有些家长在初中就将自己的小孩转到邻省的明星中学去了。

这样，在经济地位与人口比例下降、优秀教师与优秀生源流失等多重因素的影响下，很多曾经基础教育质量不低的中学与城市都沦落为基础教育洼地。当然，这在一定程度上是合理的，因为这是城市化进程、人力资源集聚的正常现象。然而教育是国家和民族的千年大计。如果明星中学碾压的优势持续存在，必将破坏很多城市的基础教育生态，会严重打击没有明星学校的城市父母、老师和学生的学习自信与动力。长此以往，教育不公平加固社会分层，社会分层放大教育不公平，国家与民族的命运岌岌可危。

美国最近有一项研究，这项研究是由斯坦福大学和哈佛大学的著名学者联合完成的，他们的研究发现不同年龄段的美国富裕家庭和贫困家庭子女成绩差距都非常大，而且近五十年来这一差距基本上没有变化。他们最为担忧的是，17岁的富裕家庭和贫困家庭子女成绩差距一直没有变化。这也就意味着从小学一直到升入高等教育前夕，富裕家庭和贫困家庭子女的成绩差距一直保持着。贫困家庭的子女不但输在了起跑线上，而且起跑线上的劣势形成了一种惯性，导致这种劣势一直维持到"高考"。这也就意味着基础教育阻断了社会流动。

中国千万不能在这方面步美国的后尘。只是，我们又该如何避免这种局面呢？上述研究的美国学者认为高质量的师资是根本。的确，笔者非常感激自己中学的老师，当时有多位教师都是现在所谓"985工程""211工程"高校毕业的，因为当时是服从国家分配，一旦分配很难流动，而且当时的教师是让人羡慕的职业，所以他们能够安心在中学教书育人。但是，现在的社会环境可谓天翻地覆，当年的这种"教师环境"难以复制。那么如何在当前的社会大背景下，使得优秀的教师能够安心在四五线城市甚至在乡村教书育人？

笔者心中没有任何答案。

写到这，笔者真是理解陈宝生部长要求整顿课外辅导的良苦用心。高强度的课外辅导不但可能扼杀大部分小孩的学习兴趣与创造力，助长各种答题套路、考试技巧的泛滥，更为严重的是，会让大多数劣势家庭的子女在学习初始的劣势一直持续，从而丧失学习动力与信心，最终会导致社会分层加剧，国家和民族的未来也将蒙上阴影。

因此，如何促使优秀师资进驻、留在经济欠发达地区，如何消除课外辅导机构对教育公平的破坏，是从政府、到学校、到家长需要共同面对并且努力解决的重大问题。

该文主体内容发表在《中国科学报》（2019-07-03）

提供更多高质量的教育机会有助于缓解不公平

一年一度的两会落下了帷幕。笔者这几天拿着李克强总理作的政府工作报告反复仔细研读，在今年的政府报告中提到了 2016 年中国教育需要做好的重要一项事情是发展更高质量、更加公平的教育。

其实，去年的两会期间，政协委员俞敏洪先生就提出了关于教育公平的提案。而笔者关注了近几年两会的教育议题，教育公平其实一直都是大家热议的对象。笔者对于目前上至总理、下至普罗大众都高度关注教育公平这个现象表示非常欣慰。为什么笔者会发出如此"不解风情"的声音来呢？这是因为，按照一般教育公平的理论，只有教育在数量上得到比较好的普及后，人们才会关注教育在质量上的公平。而只要稍微回忆一下就可以发现，我国的高等教育是在 2003 年由于经过连续几年的大规模扩招才从精英化阶段刚刚跨入大众化阶段的。所以，现在从政府到社会都关注教育公平问题（其中包括高等教育的公平问题），说明我国的高等教育的确在短短不到二十年间取得了非凡的成就。

尽管笔者认为目前大家热议教育公平这件事本身说明了我们国家的教育取得了巨大的发展，但笔者当然同样认为应该继续努力促进教育公平。笔者主要是研究高等教育的，对基础教育研究不多，所以想就如何促进高等教育的公平提出一些不成熟的思考。政府报告中提到"发展更高质量更加公平的教育"，笔者认为其实质量和公平两者是相辅相成的，如果能够提供更多高质量的高等教育机会，将有助于缓解高等教育领域的不公平现象。具体而言，笔者认为如果有某种机制使得更多高质量的教育机会能够尽可能地向社会所有人群开放，那么高等教育领域的不公平现象将得到缓解。

其实，目前无论是国际与国内，有很多高质量的高等教育资源是对所有人群开放的，比如公开课、慕课等很多开放教育资源（Open Educational Resources，OER），因为高水平大学是提供开放教育资源的主力军。然而，遗憾的是，开放教育资源的使用率其实并不高，尤其是对于没有机会接触高质量的高等教育，甚至压根没有机会接触到高等教育的广大弱势群体而言。但是，如果能够有一种机制让学习者只要通过不断的努力，日积月累地学习某些高水平大学提供的教育资源与课程，最终得到某个高水平大学的文凭，相信就能提高弱势群体利用高质量教育资源的积极性，进而促进高等教育的公平。

也就是说，虽然由于种种原因，很多弱势群体可能在高等教育的起跑线上落后，甚至压根就没法进入高等教育的跑道；然而如果能够有某种机制让他们重新进入高等教育的跑道、参加高等教育的赛跑（这个赛跑不是和别人赛跑，而是和过去的自己赛跑，让自己能够有机会获得接受高质量高等教育的资源，并通过不断的努力，最终有机会获得高质量高等教育的证书或者文凭），这样将有助于缓解高等教育的不公平。

而要让那些一开始在高等教育的起跑线上落后，甚至压根就没法进入高等教育跑道的人能够有机会进入跑道，并在宽敞、舒适的跑道上驰骋、和自己赛跑，就要建立起不同类型的高等教育、不同层次的高校之间的资历框架、学分转换系统、学分银行系统或者类似的体系，实现不管高等教育的起点如何，学习者都有机会通过自己不断的努力最终接受高质量的高等教育资源、并最终从高水平的大学拿到文凭。

这样，更多高质量的高等教育机会就能促进高等教育的公平。当然，笔者也知道，如果真施行这样的机制，免不了就会出现各种腐败。处于优势阶层的子弟会千方百计利用这个渠道占据高质量高等教育的机会，如果真是这样的话，可能会带来更大的教育不公平。这也是为什么现在教育部对高校之间的转学都不敢轻易放口子。而即使是这样，实际上已经有不少通过转学、暗箱操作的严重损害正义与公平的案例出现。但笔者认为正如不能因噎废食一样，不能因为一种具有促进教育公平的机制，由于实施过程中可能会引起腐败、损害公平而将其完全放弃。世界上教育发达国家的一些经验显示，单纯的某项关于教育的法规很难产生实质性的效果，甚至还会有事与愿违的反向结果，而只有打出一系列环环相扣的组合拳式的多项跨领域的改革后，效果才能呈现。

因此，在我国建立起资历框架、学分转换系统、学分银行系统或者类似的体系，也必将是一个"一揽子计划"。目前笔者也没有足够的智慧构建出一个天衣无缝、运转良好的相关体系架构。但笔者坚信一旦这个体系构建成功，是能够促进整个社会提供更多高质量的高等教育，进而促进高等教育公平。这样政府报告中提到的"发展更高质量更加公平的教育"目标，就能够事半功倍地得到实现。

该文主体内容发表在《中国科学报》（2016-03-31）

利用大学校园实现阶层跨越

假期过得真快，高校又要迎来一批大学新生了。面对这群马上要踏上大学校园的新生，我衷心祝愿他们能够好好珍惜进入大学校园的机会。尤其是对于贫困学生，我想说的是："大学校园可能是你改变命运的最好时机，务必要好好把握，千万不要虚度！"

上个月，清华大学向陕西省考生发出了录取通知书，随每份通知书一起寄出的还有清华大学校长邱勇给每一个新生的一封信以及第一份礼物——一套曾经激励了很多20世纪八九十年代青少年的《平凡的世界》。在信中，邱勇校长借用清华老学长钱钟书先生的话"横扫清华图书馆"勉励新生多多读书，希望新生在报到之前就能读完《平凡的世界》这本书，并期待在入校后与老师和同学分享读书心得。

笔者是20世纪90年代的大学生，在高中期间就读过《平凡的世界》，当时父母所在企业濒临倒闭，母亲下岗、父亲的工资似乎也没法正常发出，所以当时阅读《平凡的世界》的感受非常深刻，小说至今依然激励自己在困难中拼搏。所以，笔者认为，邱勇校长当时寄给新生《平凡的世界》这本书，除了在信中所提到的"读书使人充实"、希望新生能够一直保持"人生的奋斗、理想的追求"外，可能还有另外一层含义，那就是勉励贫寒子弟像《平凡的世界》中的主人公那样，不向命运与世俗低头，努力向上。

目前很多国内外学者担忧中国的阶层分化越来越严重。很多学者还担心，在20世纪八九十年代能够通过"知识改变命运"帮助贫寒子弟实现社会流动的大学，目前促进社会流动的功能可能在减弱，甚至可能削弱了贫寒子弟实现向上流动的可能性。因此，在多个高校的论坛中，笔者都看到过大学生发出"上了大学只不过使我多了一个和富二代一起喝咖啡的机会"的戏谑、自嘲、迷茫与无奈。这让笔者有种担忧。

笔者是研究教育经济学的。教育经济学有一个基本的理论，那就是劳动力市场分割理论。这个理论认为整个劳动力市场可以一分为二，一个是好的劳动力市场，一个是差的劳动力市场。接受良好的教育，有助于受教育者进入好的劳动力市场，进而工作稳定、衣食无忧，否则只能进入工作不稳定、工资和待遇都很差的劳动力市场。但是如果有人接受了良好的教育，没有能够进入好的劳动力市场，那么教育就不能给受教育者带来可观的经济效益。

这个理论有很多不同的研究流派，其中一个流派关注所谓的"前劳动力市场分割"，也就是说在接受教育时候，其实就决定了一个人能否进入并且适应好的劳动力市场。这是因为，你在接受教育时，家长、老师、学校会根据你的家庭背景给你传授不同的教育理念与内容，使你在没有进入劳动力市场之前就熟悉、认同你父母所在的劳动力市场的习惯、理念与准则，进而促使你最终走上和你父母相同的劳动力市场。这样就通过教育和学校实现了阶层复制。

然而，国际、国内还有很多研究发现大学校园依然是一个帮助广大贫寒子弟实现社会阶层跨越的最有利途径。这是因为一方面在大学里面，你可以通过自身的努力学习，成为各方面的专家；另一方面，在大学里面，你可以广交朋友，这样可以极大地消除自己家庭背景方面的劣势，为自己未来的事业与人生发展积累人脉，而且在大学里面结识的朋友、积累的人脉都是高质量的。君不见目前国内外很多知名的施政团队、创业团队经常都是同学或者校友搭伴而行吗？

所以，对于即将进入大学的贫寒子弟而言，笔者衷心希望他们在假期已经好好阅读了《平凡的世界》这本书（如果假期没有机会阅读的，也请务必进校后尽快找同学、老师或者去图书馆借阅），并在身心上做好奋斗的准备，做好规划，立志好好利用大学校园度过自己的"黄金时代"：一方面，在学习的时候，不要忘记自己家庭含辛茹苦供养自己读书、进入大学学习，坚持努力地、发奋地学习；另外一方面，在努力学习之余，不要介意自己出身贫寒，在大学校园里面，主动地、积极地、有意识地去多参加集体活动、去广交朋友。一言以蔽之，就是好好学习、多交朋友。

对于大学、大学老师而言，要牢记自身教书育人的使命，要加强大学的各种集体建设，促进不同家庭背景学生的交融，并且努力帮助家庭困难的学生融入集体、融入校园，给他们更多的上升空间与通道，实现削减阶层复制与分化、促进社会公平的功能与使命。

该文主体内容发表在《中国科学报》（2015-8-20）

加大对人的投资——萍乡的新发展之路

前段时间，"大师"王林之死让萍乡在网络世界火了起来，不少乡友说王林现在是最著名的萍乡人了。我听到这句话不禁悲哀起来。春节时候，自己回母校——萍乡中学，看到一些著名校友的画像，感叹当年萍乡真是人才辈出，将军、院士也是颇有几个的，更不要说张国焘、凯丰这类风云人物了。然而，现在虽然仍然有萍乡籍的院士出现，但是不可否认的是，全国冒尖的人才比起原先少了不少（而且可能不仅仅是比例少了不少，连绝对值都可能少），几时轮到王林这种人成为最知名的萍乡人了？

这背后的原因有可能是经济基础决定人才密度。萍乡历来是江南煤城，经济发达，开放程度高，在萍乡有过著名事迹的风云人物比比皆是。萍乡人民一方面走南闯北，另外一方面又受来萍的风云人物的熏陶，人才就容易成长，人才密度自然也就高了。而新中国成立后尤其改革开放后，周围的城市都发展起来了，相应的萍乡的人才密度就下降了，人才就不如以前那么冒尖了。

现在地区之间的竞争越来越激烈，萍乡如果要想重新恢复当年的辉煌，必须卧薪尝胆做长期的战略规划，稳扎稳打。越王勾践之所以能复国成功，一个重要战略规划就是"十年生聚，十年教训"。所谓"十年生聚，十年教训"就是指先集聚人力，人多力量大，然后将这些人力通过教育和训练，形成高素质的人力资源，这样就能高效地耕作与战斗。

"十年生聚，十年教训"成就霸业的故事，就很好了诠释了一个重要的现代经济学理论——人力资本理论。按照这一理论，一个国家或地区的经济发展水平主要是受这个国家或地区的人力资本决定的，而教育和培训都是重要的人力资本。人力资本理论的另外一个很好的诠释是中华人民共和国的崛起。20 世纪 50 年代，中华人民共和国刚刚成立不久，一穷二白、百废待兴，但中国共产党下大力气在全国扫盲、推广教育，加上政治稳定，很快形成了属于自己的教育体系和人才梯队建设，为中国崛起奠定了坚实的人才基石。

因此，人力资本理论可以很好解释古今中外很多国家和地区的兴衰。咱们萍乡未来的发展也可以从人力资本上挖掘潜力。一般认为，教育和培训是典型而又至关重要的人力资本，另外迁移也是非常重要的一种人力资本，而且往往容易被世人所忽视。如果这三个方面的人力资本都能得到提升，必将大大促进一个国家或者地区的发展。因此，萍乡应该在这三个方面着力为自己未来的发展与腾飞打下人力资源的积淀。

首先是教育，尤其是正规的学校教育。在展开谈之前，我先回忆一下我的学习经历。我 1989—1995 年在萍乡中学读了六年书。我从萍乡中学高中毕业后到北京师范大学读书。当时我面对很多来自大城市的同学还真有点自卑，毕竟自己是小地方来的，结果一学期下来，自己比较轻松就做到了成绩位居年级前列。寒假回到家，得知自己高中班上的很多同学成绩都是在全国著名大学位居前列。而且后来我们高中班级的同学很多都能在自己所在的著名大学保研，这说明萍乡中学的毕业生很有竞争力。

我认为之所以当时萍乡中学的毕业生有很大的竞争力，有两个方面原因，也是我在萍乡中学受益最大的两点。第一点是宝贵的图书馆与丰富的藏书；第二点是众多既教书又育人的优秀教师。我博士念的是教育经济学专业。当时我读教育经济学的研究，了解到在学校层面影响学生成绩最大的两个因素，一个是图书馆，另外一个就是教师。我才恍然大悟，难怪我们高中同学能够在全国知名大学都有不错的竞争力。

然而遗憾的是，从 20 世纪 90 年代开始，我国东部的很多地区开始有针对性地从中部地区引进高水平的中小学教师，这样就导致了中部地区的教育塌陷。据我所知，很多我读书时教过我的优秀中学教师都陆续离开了萍乡，在广东等地继续着优秀教师的职业生涯。

所以，萍乡要想在人才上崛起，要想在教育上崛起，就应该重视学校的师资建设，大力引进、大力开展教师继续教育，打造一支高素质而且高忠诚度的教师队伍。尤其是现在受雾霾、房价的影响，一些一线城市对很多高层次人才的吸引在下降。萍乡应该抓住这个机会，去吸引一些高水平大学的毕业生来萍乡执教。与此同时，在各个学校、甚至各个班级开展广泛的图书馆、资料室、阅览室、图书架的建设，让萍乡的学生能够很容易接触到丰富多彩的课外书。有了优秀的教师的指引，有了丰富的图书的滋润，学生的后劲才能足，未来才能成为不同领域的佼佼者。而如果萍乡出的人才越多，越能激发萍乡的子弟奋发学习，这样就能形成一个正向激励的循环。

其次是培训，尤其是职业培训。很多企业由于种种原因可能不愿意给自己员工的培训进行投资，而很多员工也因为本身收入不高，而不愿意在培训上进行投资。这个时候，政府可以给企业或者员工提供培训补贴。目前萍乡属于资源枯竭型城市，很多产业与企业都亟待升级转型，因此需要大量及时而又有针对性的在职培训。萍乡市政府可以出面邀请国内的一些知名教育培训机构，来给萍乡的企业进行定制化、精准化的在职培训，采取"员工出一点，企业出一点，政府再补贴一点"的多渠道筹措培训资金的办法来扩大培训在萍乡的供给。

最后是迁移，也即人员流动。新中国成立前萍乡之所以人才辈出，很大一个方面的原因是很多顶级人才来到萍乡进行各方面的活动，而萍乡人也纷纷出去到外面的世界打拼。现在已经是一个开放多元的时代，萍乡同样要注重加强人员流动，邀请外面的人过来，推送本土的人出去，并且形成一个制度，尤其要注重邀请那些有过在外面闯荡经历的乡友多回乡访问、工作与定居。

其实，无论是教育还是培训，抑或是迁移，都是对人的投资。一言以蔽之，萍乡要想重现当年的辉煌，务必加大对人的投资，这样萍乡的发展才会有后劲，才会可持续。无论如何，衷心希望萍乡能够再次实现经济和人才的双双崛起，在萍乡出生的人士能够在全国乃至全世界的不同领域扬名立万，为自己的家乡增光添彩。

致　谢

　　这本书首先需要感谢我的儿子，他基本上是和本书同步长大的。我给他取的小名叫作恒恒，希望他能够持之以恒，这也激励自己要做一个好榜样。我还经常跟他讨论各种教育经济学的问题，包括教育公平的问题，希望他能够知道自己所占有的教育资源是被全国大多数的同龄人所羡慕的、渴望而不可得的，进而能够心怀感激、好好珍惜。希望此书能够激励他好好学习，天天向上，利用学校积累多多的人力资本和社会资本，践行健康、阳光和乐学的人生宗旨，未来成为一个对社会有用的人。

　　这本书还要感谢上过我"教育与就业""教育经济学"和"教育财政"课程的同学以及我门下的研究生，我经常通过课堂和组会和他们讨论时事，他们的意气风发经常给我各种启发与挑战，让我不断有新的想法和思路。

　　最后要感谢清华大学，"自强不息，厚德载物"已经融入了我的血液，清华园里的人、物和书让我有力量与信心在学术道路上坚定地前行。

李锋亮

2021 年 11 月